面試前
必看的一本書
原書名：創造百萬年薪的最夯面試題
張岱之◎著

前言

隨著金融危機的到來，世界經濟大衰退「製造」出了很多失業者，使本來就競爭激烈的人才市場進入了白熱化狀態，廣大求職者面臨著更大的挑戰。如何在千軍萬馬過獨木橋的應徵求職中脫穎而出，獲得理想的工作呢？面試就是最重要的一關，只有面試成功才能走得更遠。如今，全球每年有數百萬的優秀人才成功進入世界頂尖級的大型跨國公司之中，年薪高達數百萬。你想知道他們如何夢想成真的嗎？你想知道那些「刁鑽」的面試官是怎樣選拔人才的嗎？你想實現自己的百萬年薪夢嗎？這本書會給你想要的答案。

本書集實用性和趣味性於一身，面試題新穎、有趣，富有挑戰性。編者對各行各業、各個職位的經典面試題，都進行了詳細的分析和解答，從招募者的角度出發，告訴讀者怎樣應對面試官提出的刁鑽、古怪、冷僻的問題。對於很多難題，編者也做了更深層次的拓展，讀者看後可以舉一反三，真正做到活學活用，成為自己應試的必殺技。比如：有一天你正在工作，飛碟停在你面前，外星人下來邀請你，你會跟他去嗎？如果它可以帶你去任何地方，你最希望到哪裡呢？這樣稀奇古怪的問題，是考察應徵者是否具有冒險精神，應徵者要結

合所應徵職位的需要，隨機做出回答。如果你應徵的是外資企業，現今外商看重的是員工的創新和冒險精神，你就要做出肯定的回答。再比如：三國裡的諸葛亮、西遊記中的牛魔王和宅男女神豆花妹來做銷售，你認為誰最合適？請說出理由？如果你的主管給你一天的時間，讓你把公司的產品送給來華訪問的美國總統，你用什麼辦法完成任務？在不允許使用天平的情況下，你用什麼方法秤出一架大型客機的重量？諸多有趣而且古怪的面試題將引發一輪又一輪的頭腦風暴。

面試成功需要技巧和方法，本書會告訴讀者面試中要掌握的竅門和應該注意的事項，讓你離成功就職更近一步。書中還提供了一些世界著名企業稀奇古怪的面試題，一定會讓你大開眼界。同時，還為讀者準備了很多趣味大餐，認真解答，會提高你的思維能力和智商水準。也會對自己有個全新的認識，重新為自己定位，選對適合自己的位置，使成功指日可待。

書中詼諧的語言、全新的題目、獨特的解讀絕對能讓你出奇制勝。看完本書，你將學會如何在有限的時間內準確無誤地表現自己的才華，揚長避短，像孔雀開屏般，把你最美麗的羽毛充分展示出來。本書將是你求職路上的忠實伴侶，是你走向成功的演練場，透過對這些經典面試題的全真模擬測試，將你培養成為現代世界頂級企業急需的複合型人才，進而實現你的百萬年薪夢。

CONTENTS

Chapter3 職業求職──少不了的美味大餐

CONTENTS

Chapter6 這些考題乃獨門絕技

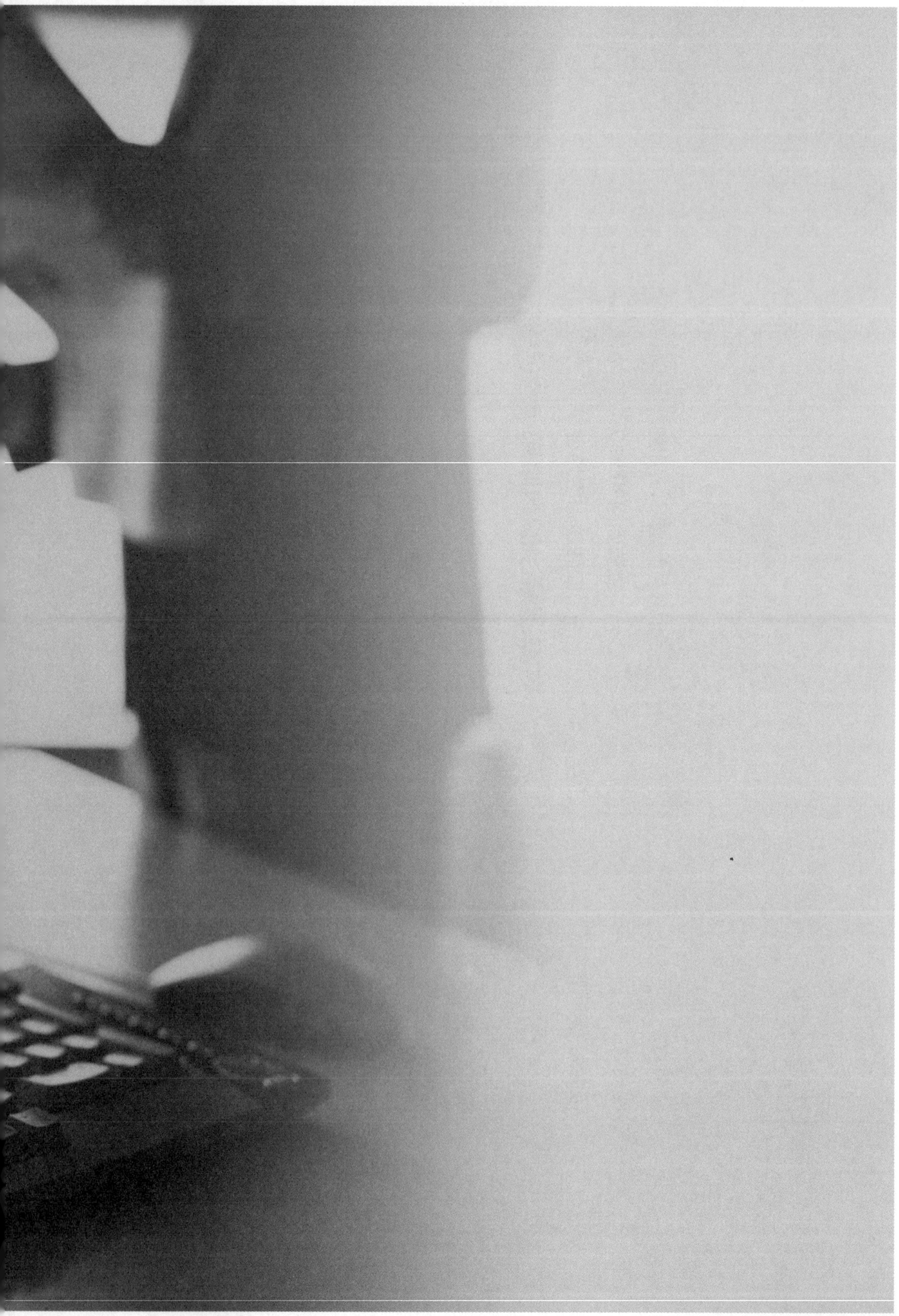

Chapter 1

面試突圍

——比拼的是智力

1 選對自己的「賣點」

在金融危機的衝擊下，當前的就業形勢變得越來越嚴峻。在這個機會稍縱即逝的年代，一個人僅僅靠才華橫溢是不夠的，必須透過各種管道使自己的才華為人所知，得到社會的認可。特別是即將畢業的莘莘學子，在當今用人制度發生變化的情況下，更要注意亮出自己的「賣點」，以適應形式多變的招募活動，成功地選擇自己理想的職業。

一、在面試中如何找到自己的賣點，跨出第一步，選對最適合你自己的位置呢？

1、知彼知己，百戰百勝。

有句話說得好：「只打有準備的仗」，其實求職也是一樣。面試前的準備工作一定要做得充分，首先弄清楚你要應徵的公司需要哪一方面的人才，是技能方面，或是管理方面等等。並結合自身的情況，考慮一下自己的優勢在哪裡，是否適合用人單位的要求，然後再決定參加面試。現在的外資企業很多，而且收入豐厚，成為很多求職者青睞的對象，但是不同國家的企業風格不同，一定要瞭解企業所在國家的習俗、禮儀和生活習慣，最好精通這個國家的語言，這樣你才有可能進入他們的管理階層。

2、選對你的大方向。

現在很多求職者喜歡海投，只要是好的公司，不管是不是適合自己，都會蜂擁而上。在找工作前，你可以不知道自己能勝任什麼職位，但是你一定要搞清楚自己的就業大方向，是想去政府部門、私人企業還是外商公司。無論從事哪一行業，都各有各的好處：在政府部門工作收入穩定，工資漲幅不大，如果你有足夠的耐性堅持下去，仕途會有很好的發展；外商收入豐厚，成為了當前就業者追求的就業熱門職缺，但是工作壓力大。如果你選擇進外商首先要學會抗高壓，這樣才不會被淘汰；本土私人企業會讓你獲得更多的機遇，如果你遇到一個好的企業和好的老闆，就會被重用，自身的潛力很快被挖掘出來，使你迅速成長。

對於求職者來說，一定要清楚自己要什麼，然後結合自己的性格特點和優勢，做出最好的選擇。

3、突出你所具備的品質。

①團隊合作精神。

面對現今社會分工的日益細化、技術及管理的日益複雜，一個人的力量和智慧顯得蒼白無力，即使你是天才，也需要別人的陪襯。所以，一個人真正的成功乃是一個團隊的成功。現在很多用人單位，首先注重的是員工的團隊合作能力。

②責任感和忠誠度。

身為一個員工，首先要對你的工作負責，在個人利益和公司利益相衝突時，要以公司利益為重。

更為重要的是要忠誠，現在很多公司對新員工要進行系統的培訓，從公司的基本概況到公司的客戶資料、銷售管道，有的還涉及到公司的核心技術。如果一個人無「德」，在他離開公司後，會把公司的資料帶走或賣掉，這是公司最大的損失。所以，即便你有再大的才能，如果不忠誠，到哪裡都是不受歡迎的。

③良好的溝通能力。

現今企業越來越講求團隊精神，這就要求員工具備良好的溝通能力，與同事之間真誠交往，團結合作，創造1＋1＞2的成績。而且，有效而流暢的溝通，是一個職業經理人成功的重要條件之一。做為領導者，他既要管理團隊，還要能聽取其他人的意見，瞭解下屬的願望、痛苦和擔憂。所以要想進入公司管理階層，一定要具備良好的溝通能力。

4、突出你的實踐經驗。

在求職中實踐經驗特別重要。要學會包裝自己過去的工作經驗，充分挖掘過去工作中的優勢，形成核心競爭力並展現出來。不要以為在校大學生就沒有實踐經驗，哪怕是在校幫企業做宣傳和推銷，或者在實驗室中做過的一些實驗，這都會是你寶貴的實踐經驗。任何知識只是侷限於紙上，都不能說明你已經真正弄懂了，只有當你做出來才真正掌握。

二、為了能在職場穩中求勝，選擇到自己理想的職業，怎樣來增加你的「賣點」呢？

1、認識自我，增加自信心。

求職就是推銷自己，只有相信自己，才能把自己成功推銷出去。好比一個推銷員，如果他不相信自己有好的產品，就不會選對自己的「賣點」。但不要把自己評估得太高，這樣容易眼高手低，擇業陷於被動；也不要把自己評價得過低，而錯失機會。要做到恰如其分，正確衡量自己的賣點，以利於在求職中以不變應萬變。

2、設計自我，包裝自己。

現今社會各行各業都流行包裝，面試也少不了。

①資料包裝，也就是你的求職履歷應該怎麼做。有很多人不會做履歷，雖然把履歷做得很漂亮，但裡面卻沒有任何針對自己應徵工作的內容，也沒有對自己喜歡企業個性化的稱呼，而是把履歷做成一份投給所有企業都適合的公式化履歷，這樣的履歷是沒有用的。每個求職者都要把製作履歷當作是給心愛的人寫的「求愛信」，你會給心愛的人寄一封沒頭沒腦的愛情信箋嗎？所以，你的求職信中要有讓招募者眼睛一亮的東西，吸引他們的注意力，進而增加面試的成功率。

②形象包裝。第一印象直接影響面試的成敗，所以必須從細微處精心設計。面試的著裝要符合社會服裝潮流，整潔大方不怪異，更要注意一些小細節，不要有過多的裝飾品，那樣會分散招募者的注意力。談話語氣要從容不迫，語速要不快不慢，把話說得清楚明白。思維清晰，神態自然，要做到「坐有坐相，站有站相」。

③語言包裝。面試時語言很重要，在回答問題時，要盡量表現出自己的理想、責任感和團隊合作精神。不要侃侃而談自己的遠大抱負，那樣會使招募者產生反感的情緒。要在面試前做充分的準備，設計一套適合自己的回答方式和技巧。回答問題一定要揚長避短，展現出你的優勢，給人以不平凡的感覺。企業面試注重的是對應徵者的專業知識、人品、為人處世的能力等各方面的綜合考察。只要你能正常發揮，表現出自己的優勢就無形中增加了自己的「賣點」。

3、展示自我，推銷自己。

要按自己的職業理想，展示出自己的「賣點」，同時抓住機遇，不遺餘力展示自己。很多平凡的人成就了自己，主要緣於積極的人生態度。「千里馬」能遇到「伯樂」固然可喜可賀，但如果「千里馬」主動尋找「伯樂」，豈不是更勝一籌？

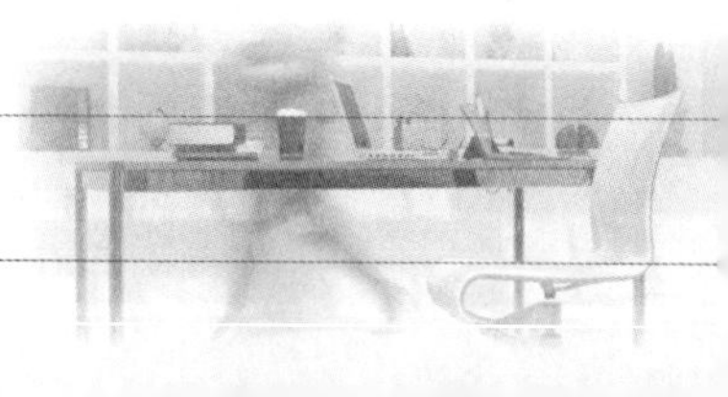

2 有一把舀飯的勺子

在企業招募的過程中，有三大核心衡量要素：能力素質、專業知識、實踐經驗。其中最重要的是一個人的能力素質，因為專業知識和工作經驗是你的過去，只有能力素質才能體現出你將來的發展潛力。

如果你想品味這道「美味大餐」，必須具備舀飯的勺子。

一、職業素質是應徵者必須具備的個人素質。

1、誠實、正直的品德。

企業老闆把誠信看成招募的第一標準，雖然所有企業都希望招到德才兼備的人才，但是在實際招募的過程中，如果二選一，企業寧可要一個專業能力差的，也不要一個能力超凡但沒有職業道德的人。

「人無德不立」，品德是一個人的靈魂。企業往往為了證實求職者是否誠實，有時候會花很大的精力和財力進行「背景調查」。

2、強烈的責任心。

企業要求員工必須兢兢業業完成自己的本職工作，當你的工作沒有完成時，加班是份內的事。那種「做一天和尚撞一天鐘」、缺乏責任心的人，是不受企業歡迎的。企業需要的是與公司同榮辱、共進退的人才。在外資企業裡，提倡員工主動要求提升，因為那樣就意味著員工責任心強，願意承擔更大的責任，也顯示了員工的信心和勇氣。

3、敬業精神。

敬業是當今企業對員工的基本要求，一個人有了敬業精神，其他素質就能很快培養出來。在工作中，敬業和專業哪個更重要呢？敬業是一種工作態度，專業是一種工作技能，只有敬業才會全力以赴，自覺地去工作，進而提高專業水準。一個人有很高的專業水準，但是工作態度冷淡、傲慢，缺乏應有的敬業精神，這樣的人應會令用人單位避而遠之。所以從某種意義上說，敬業比專業更重要。

4、團隊協作精神。

很多企業將團隊協作精神視為公司的文化價值之一。企業認識到只有發揮團隊精神，協同作戰，才能創造更大的價值，獲得更大的成功。這就要求員工努力使個人融入到團隊中去，把團隊的成功看成是自己的成功，加強團隊的凝聚力。

5、具備溝通能力和溝通技巧。

現代企業需要的是國際化人才，員工除了具備良好的綜合素質外，還要能夠適應該企業的文化。

企業管理的關鍵就在於溝通，管理出了問題，就是溝通有了問題。上下級之間要主動溝通，只有如此，具有良好溝通能力和技巧的員工才會被大家理解和認可，才會有進入管理階層的機會。

6、個人修養。

企業需要的是受過良好教育，有教養而且身心健康的人才。企業要求員工光明磊落地做人，實事求是地做事。行為懶散、形象邋遢、言語粗俗的人，遲早要被淘汰。

7、管理才能。

一個人的領導能力和解決問題的能力，也是進入企業的關鍵。現代企業的管理決策高度透明，需要高智商、高素質的綜合型管理人才。能夠在困境中發現問題、解決問題，而且能夠管理好時間的人，才能在當今白熱化的職場競爭中脫穎而出。

在素質和學歷方面，當代企業更看重素質。企業今天的招募是為了明天的用人，一個人的學歷只說明他過去的學習能力，而素質則代表一個人的潛力，意味著他將來的成就。「不是所有專業都追求高學歷」是軟體王國微軟的信條。「信奉唯才是用，而不是唯文憑是論」是Sony的用人宗旨之一。這些都足以說明一個人素質的重要性。

二、專業知識是指具有一定的專業技術水準，並能運用這些知識解決實際工作中的技術難題。

1、全面發展的複合型人才。

企業的核心競爭力是那些能充分發揮自身的潛能，有能力、思想活躍、勇於創新、適應環境能力強的複合型人才。

2、精通一門的專才。

精通一門學問，擁有用人單位急需的強項技能，這也是求職者的一大法寶，同樣能獲得更多的就業機會。

至於全才與專才哪個更重要呢？不同的工作職位，企業對個人能力要求不同。比如科研或基層管理就需要專才，而中高層管理人員需要有廣闊的視野和應對突發事件的能力，所以更需要綜合能力強的全才。

對於在校學生，首先要學好專業技能，打好基礎，做一個專才。現在的企業高階管理階層也是由基層的專才紮紮實實走上去的，所以在校大學生的知識首先要做到精，然後才是寬。

3、良好的學習能力。

一個人的學習能力是進入企業的關鍵因素之一。企業需要終身不斷學習，能夠在學習中接受新的

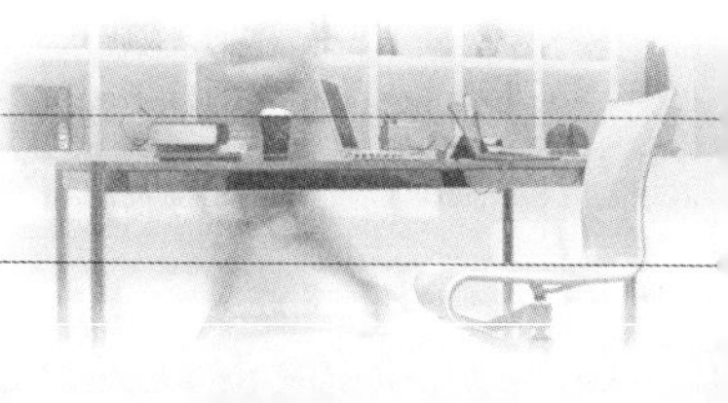

知識和新的技能，並挖掘出自身強大潛力的員工。薪資收入不是一個優秀員工成功的唯一標誌，他們會利用一切機會學習，吸收新知，進而成為可塑之才。

①電腦方面的特長。

現在瞭解電腦軟體的人多如牛毛，但企業需要的是高手。如果你是網頁高手，或是駭客高手，或是反駭客高手，能利用自己的專長滿足某一公司的特定需要，那麼你會意外獲得求職的機會。

②具備網路應用技能。

網路是資訊化社會的通訊基礎，具備網路應用技能對絕大多數行業來說都是必須的。只有熟悉掌握網路應用技能的人，才會順利被企業錄取。

③要有最基礎的外語交際能力。

多掌握一門外語就多一份找到工作的機會。只有精通所在企業的國家語言才能夠適應企業的工作環境，處理事情才會得心應手。特別是英語，是很多企業的工作語言。現代全球化經濟使很多企業對外語要求嚴格，因為他們的商品和服務要出口全球，所以求職者要具備最起碼的外語應用能力。

4、要有敏銳的商業頭腦。

企業要求員工要有敏銳的商業頭腦，不僅要瞭解客戶的需求，還要把握商界的變化趨勢，從消費者的角度看待問題，認清自身產品的競爭優勢，對本企業的競爭對手做出正確的判斷，使企業的利益最大化。

5、要勇於創新，富有冒險精神。

企業要求員工要勇於創新，不要滿足現有的成就和工作，能夠用戰略眼光積極嘗試新的工作方法，不斷進取。在商業市場不斷變化的時代，只有未雨綢繆，才能以被動變為主動。

三、實踐經驗。

應徵者是否有應徵行業的相關工作經歷，是不是累積了一定的工作經驗，也是能否被企業成功聘用的一大因素。因為熟悉工作的相關流程，會給企業節省一部分培訓費用，所以很快就會投入工作，並創造價值，還可以帶來新的思路和方法，這些都是企業求之不得的。

雖然每個企業對員工的要求都有所不同，但有一定的規律可循，希望你能透過自己的努力，緊握自己舀飯的勺子，吃到自己喜歡的美味大餐。

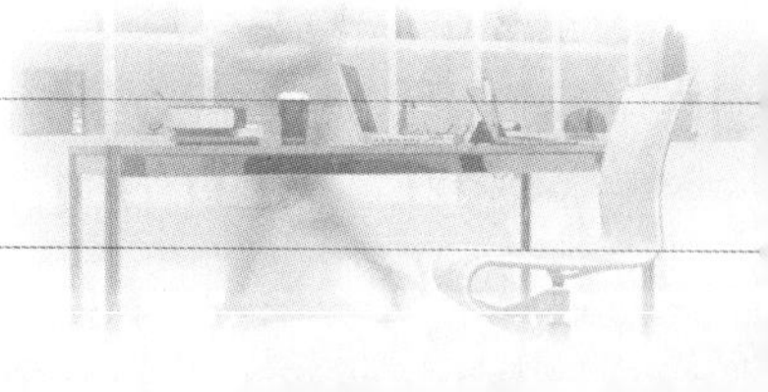

3 該出手時就出手

求職是一個身心備受煎熬的過程，一般都需要花費很多的時間和精力，才能尋找到與自己相匹配的工作。當你確立了就業目標，就到了該出手的時候。

一、掌握求職的最佳時間。

在做好了各方面的準備工作以後，應該尋找一個效率最高的求職時間。什麼時間開始求職最合適呢？

有很多調查資料顯示，在校大學生開始求職的最好時間是畢業前3～6個月。有很多人認為越早越好，雖然「早起的鳥兒有蟲吃」，但是過早涉足職場會分散精力，影響專業技能的學習和掌握。況且有些人找到工作了也不會就此罷手，看到有更好的工作還會去應徵，造成毀約率高，擴大了就業難度，造成新的就業危機。所以大學生在畢業前的六個月做好求職準備，完全可以避免失業的風險。所以要掌握好時間，過早或過晚求職都會影響效果。

二、具有強烈的自信心。

選擇好了求職時間，也做好了求職規劃，但是很多人缺乏應有的自信心，臨陣退縮，進而與自己心儀的工作失之交臂。那麼你應該怎樣去做呢？不妨借鑑下面這位美眉的做法：

一位剛剛走出校門的漂亮女大學生，去一家全球五百大的企業應徵，面試官當場就拒絕了她，原因是她太年輕，公司需要的是有豐富經驗的員工。女孩沒有洩氣，而是真誠地懇求面試官給自己一次機會，讓她去參加筆試。面試官被她的執著打動，答應了她的請求。女孩通過了筆試，順利進入第二輪，由人事部門經理親自複試。女孩的筆試成績雖然十分出色，但由於缺乏工作經驗，和公司的用人標準相差太遠，所以經理不想浪費精力，告訴女孩有消息會電話通知她。女孩很有禮貌地向面試官致謝，然後從口袋中掏出一枚一元硬幣，雙手遞給面試官說：「不管是否錄用我，請一定要打電話給我。」面試官對女孩的舉動產生濃厚的興趣，他不明白既然沒有被錄用，為什麼還要求給她打電話。女孩說她想知道沒有被錄用的真正原因，如果她哪方面做得不好，以後一定會努力改進。那枚硬幣是她支付的電話費，因為給沒有錄取的人打電話不屬於公司的正常開支。面試官被她的勇氣和執著深深打動，破例錄取了她。就這樣，女孩用一枚硬幣叩開了機遇的大門。

求職者要做生活中的強者，不放過任何機會，樹立強烈的自信心，勇敢推銷自己，最後一定會實現自己的就業夢想。

三、充分表現出職業興趣。

在求職的過程中充滿熱情，對所應徵的職位抱有很大的興趣，這最能打動面試官。用人單位也希望員工興趣、愛好和工作職位相吻合，這樣才能充分發揮出員工的積極性和創造性，給公司創造更多的價值。

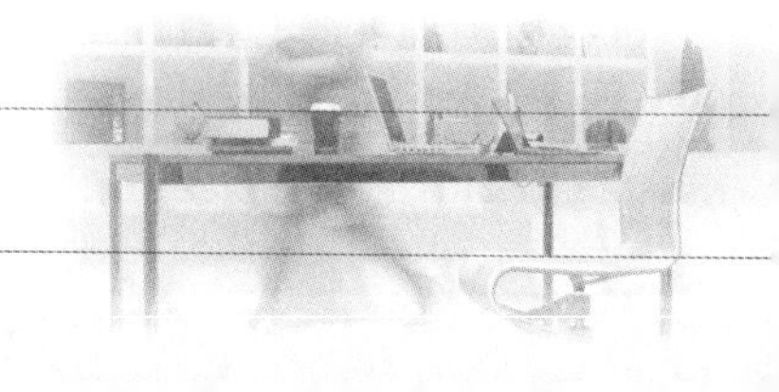

四、展示出個人目標和公司目標的一致性。

要充分瞭解所應徵的職位和所聘公司的情況，使自己的職業規劃和個人的價值遠景與公司目標相一致。要向面試官表明自己不是一個沒有目標，為工作而找工作的職場跳蚤，而是要更快地提升自己並與公司一起成長。這樣將提高你應徵的成功率。

五、你是最佳人選。

如果你想給面試官留下良好的印象，就要重點突出你的優勢，準確表達出你是這份工作的唯一最佳人選。在面試中，面試官考慮最多的是員工和職務相匹配的問題。所以你一定要把最有利於應徵工作的優勢，充分展示出來，用盡量多的理由說服應徵單位錄取自己，告訴面試官你是適合本職位的最佳人選。對於招募單位而言，他們也不想浪費時間，希望在最短的時間內招到最合適的人選，這樣你就離應徵成功越來越近。

六、用最少的時間做最有價值的事。

一個人如果確立了自己的就業目標，就不會去漫天撒網，那樣既浪費寶貴的精力，又增加應徵成本。所以要將主要精力用到有成功機會的公司招募上，做有價值的事情。

七、雖然你做好了一切準備，但是面試還要掌握一些竅門或技巧。

1、找一個好的推薦人。當代很多企業的招募方式是內部員工推薦，可以佔到招募總人數的

80%左右，可見這是一條求職捷徑。如果你看中一些自己喜歡的並適合自己的公司，首先要創造機會靠近這些公司的人員並努力建立好關係。有時，一個人的隻字片語很可能會起到舉足輕重的作用。

2、要做到有的放矢。隨著世界經濟的衰退，求職越來越難，很多求職者急於找到工作，盲目誇大其詞，堆砌出一大堆豐功偉績，拿這樣的履歷去應徵無異於自殺。面試官看履歷的時間就在幾秒之內，你能否抓住這轉瞬即逝的機會，就看你的履歷有沒有過人之處。求職者要根據應徵職位的要求結合自身情況，針對性地突出自身優點，讓面試官感覺你就是他要找的人。

3、採取曲線救國。當今職場的熱門行業用人標準都很高，競爭激烈，應徵有很大的難度。不妨先從周邊公司做起，然後以這一工作為跳板，進入你理想的工作職位，實現人生目標。

4 企業為什麼喜歡同樣的五味小吃？

員工是企業發展的根本，是企業做強做大的動力。一個企業想要成就豐功偉業，就要有一群優秀的員工。當員工們目標一致、團隊協同作戰、勇於創新、積極進取時，企業就會立於不敗之地。所以企業就像特別挑剔的食客，在眾多的求職者身上尋找他們喜歡的各種「美味」。

第一味：責任感。

員工的責任感是企業生存和應對市場挑戰的基礎，是決定企業經營成敗的關鍵。沒有責任感的軍官不是好的軍官，沒有責任感的公民不是好公民，同樣，沒有責任感的員工就不是優秀的員工。一個有責任感的員工對工作盡心盡責，可以排除工作中的種種困難，完成別人認為不能完成的任務，為企業創造最大價值。

第二味：忠誠度。

忠誠守信是企業招募員工的第一標準，是衡量一個人是否具有良好職業道德的前提和基礎。做為企業員工如果想在企業有所發展，獲得一展才華的空間，就要盡全力投入自己的忠誠，盡心盡職地工作，把公司的利益視為第一，理解並支持老闆，成為老闆可以信任，能夠委以重任的人才。

第三味：敬業精神。

企業以盈利為主，看重的是員工最後創造的價值。敬業是員工工作的最高境界，可以激發出員工無窮的潛力，為企業創造更大的價值，同時員工也從中獲得更多的報酬和更廣闊的成長空間。如果員工在工作中把敬業變成一種良好的習慣和高尚的品質，那麼他將會受益終生。美國石油大亨洛克菲勒一生對工作非常敬業，他的井然有序和耐心細緻到了令人敬佩的地步，哪怕有一分錢是公司的，他也要拿回來，哪怕少給客戶一分錢，他也要送回去。就是這份難能可貴的敬業精神，成就了他輝煌的事業。

第四味：團隊精神。

現代外資企業多數是巨型跨國集團，有上萬、甚至幾十萬的員工，這些人分布在世界各地，有著不同的風俗習慣和文化背景。這些員工緊緊圍著公司的總體目標和規劃工作，如果員工沒有團隊意識，各行其事，獨來獨往，那麼公司是沒有辦法運轉的。所以企業要求員工必須具備團隊協作能力，把個人的目標以及價值遠景和整個團隊結合起來，進而創造更大的價值。

佛教創始人釋迦牟尼有一次問他的弟子：「一滴水怎樣才不會乾涸？」他的弟子們沒有一個能回答出來，最後他說：「把水滴放到大海中。」同樣的道理，個人的力量是渺小的，如果不去尋找適合自己的大海也會乾涸。只有團隊所有成員擰成一股繩，才能提升企業的競爭力。所以，團隊精神是當代企業永恆的主題。

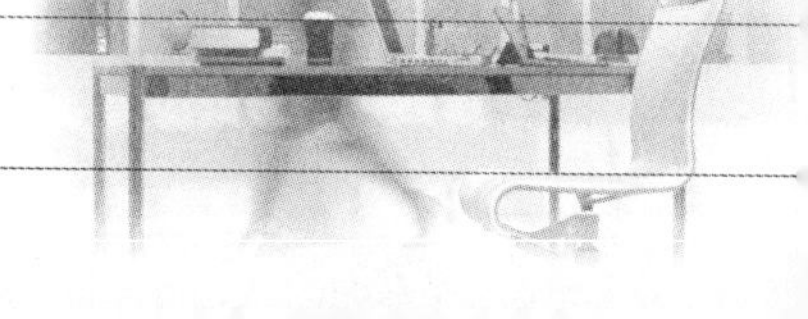

第五味：勇於創新精神。

世界經濟蕭條，市場競爭激烈，對於企業來說，發展是企業的生命線。大浪淘沙，不發展就會被市場淘汰，企業就會面臨死亡，所以每個企業都需要具有創新精神的員工。

創新是每個人都具備的潛質，只要善於創新就可以創造出令人意想不到的奇蹟。

一家著名的電器公司，曾經積壓了大批電扇，公司面臨倒閉的危險，公司上下為了打開銷路費盡了心思。有個員工提出把電扇的顏色更換一下，因為當時全世界的電扇都是黑色的。上級採納了這個員工的意見，把電扇換成了讓人耳目一新的淺藍色。第二年夏天，這些積壓的電扇全被搶購一空，公司恢復了正常經營，這一小小的創新使企業起死回生。

求職者首先要投其所好，培養出以上五大素質，才能過關斬將成功進入企業，結束你的求職生涯。

Chapter2

熱門行業

——誰更懂得邏輯推理

1 化妝品行業：你是否符合「詩人與農民的完美結合」

「美麗經濟」將是二十一世紀全球經濟的一大重點。在靚女們的帶動下，化妝品市場在全球經濟風暴中並沒有受到太大的影響，它為很多求職者搭建了一個實現自身價值的平臺。全球著名的化妝品集團以「詩人＋農民」的完美結合（成功者既要有詩人般浪漫氣質，又要有農民那種踏實肯幹，吃苦耐勞的精神）為標準，招募一大批有主動性、創造性又能接受規則的年輕人。而且不以證書和學歷做為招募的唯一標準，更看重應徵者的個性、愛好和實習經歷，透過全方位的綜合評價來判斷是否符合用人標準。

化妝品行業非常重視員工的誠信、熱情和潛力，不喜歡自高自大又不做具體工作的人。

常規問題

【問題】

你最崇拜的人是誰？

【分析與解答】

這個問題可以反映出應徵者的性格、價值觀和心態。所以，不要說你沒有崇拜的人，也不要說崇

拜你自己，那樣會讓人感覺你很自負。最好是說一個與你所應徵的工作能扯上關係的人，並能說出你所崇拜的那個人有哪些高尚的品質值得你去崇拜。

升級版

1、你有什麼業餘愛好？

【參考答案】

目的是想藉此判斷你的性格、涵養、為人以及品德。可以選擇一些團體合作的愛好，比如打籃球等等。

2、你最喜歡看什麼電影？

【參考答案】

回答時選擇一些老少皆宜的電影。

3、你最喜歡和什麼人打交道？

【參考答案】

和積極向上的人。

比較尷尬的問題

【問題】

你認為你的缺點是什麼？

【分析與解答】

這是一個很常見卻又很難回答的問題。不要說自己沒有缺點，世上沒有完美的人。也不要把那些明顯的優點說成缺點，那樣會讓人感覺你很虛偽。更不要說出會嚴重影響你現在所應徵的工作的缺點，比如應徵銷售，你說自己不擅言辭，那樣會讓你失去獲得這個工作的機會。最好說出一些對於所應徵工作沒有瓜葛的缺點，甚至乍一聽是缺點，但是仔細一想卻是優點的「缺點」。

升級版

1、你很優秀，為什麼到現在還沒有找到合適的工作？

【參考答案】

我是第一次面試。

2、如果你是男生，要你現在穿一條花裙子出去轉一圈，你敢不敢？

【參考答案】

敢。因為市場很看重敢為人先的精神。

行業問題

【問題】

你為什麼應徵化妝品行業？

【分析與解答】

不要說諸如工作環境好、可以學習、能提升自己等理由，任何一家公司都不會為了栽培你而招募你的。你可以從更高的層次去回答，化妝品行業是預測美麗和時尚、引領潮流的行業，也是「農民」和「詩人」氣質完美結合產生美的典範。

升級版

1、你覺得「美」最貼切的表現是什麼？

【參考答案】

不光是外在美，還有內在的潛質。

2、你認為最經濟的化妝品是什麼？

【參考答案】

最適合你的就是最經濟的。

趣味問題

【問題】

如果你的包裡裝著權力、健康、金錢和誠實，在遇到危險時，必須扔掉一個，你會選擇扔掉哪一個？

【分析與解答】

這個問題主要考察應徵者的價值取向。有的人會選擇扔掉金錢，希望憑著自己的實力和努力，最後獲得自己想要的東西；有的人選擇扔掉誠實，他認為一個職員最主要的是為公司努力工作，在擁有權力和金錢之後，誠實就不會給自己帶來什麼好處了，這是一種現代反叛精神的體現；有的人選擇可以扔掉權力、金錢，乃至健康，但是最不可拋棄的就是誠實。他主張要用自己的誠實為整個人類做貢獻，即使付出自己的健康也在所不惜。現代全球化的跨國公司選才的一個共同標準，就是看應徵者的價值取向，特別重視應徵者誠實的品質。而且現代企業越來越講求團隊合作精神，如果一個人真的放棄了誠實，就等於放棄了和大家真誠溝通的機會，就會與要應徵的工作失之交臂。很多人沒有被企業選中並不是因為他們不優秀，而是某一方面不符合招募公司的文化精神和價值取向的標準要求。

升級版

1、你過生日時來了七個朋友加你是八個人，讓你把蛋糕切成八份分給大家吃，但是蛋糕盒裡還要

留一份，你該怎麼辦？

【參考答案】

把給自己的一份留在盒子裡。

2、有一棟樓房，從一樓到十樓的每層電梯門口都放著一疊美元，金額多少不等。當你乘坐電梯從一樓到十樓，每層樓電梯門都會打開一次，但是只能拿一次錢，問怎樣才能拿到金額最多的一疊錢？

【參考答案】

上樓時看準哪一疊最多，下樓的時候拿。也可以第二次上樓拿。（因為沒有限制上樓還是下樓拿，也沒有限制上樓的次數。）

敏感的薪資問題

【問題】

你來我們公司想得到多少薪水？

【分析與解答】

通常來說，這是個很「危險」的問題！在第一次面試盡量不要談薪水的具體數額，這個問題弄不好會讓你失去一份很好的工作，更糟糕的是，你可能會低估自己的價值。在面試前要充分瞭解該行業在當地的工資水準，從側面瞭解一下面試者所認可的薪水範圍，做到心中有數，盡量避免說出具體的數字，除非對方非要你說出不可。

不妨這樣回答：我不會單單為了薪水而工作。但我希望我的努力付出能獲得最合理的回報，能夠和我的學歷水準與實踐經驗相符合，這樣對我才是公平的。

升級版

1、你現在的收入是多少？

【參考答案】

要說你的所有收入，你的工資加獎金還有福利的總和。

2、你會不計報酬的去工作嗎？

【參考答案】

可以考慮，有報酬當然更好。（如果這份工作是你非常想要的。）

3、如果你被錄用後，可能會經常去外地，你願意嗎？

【參考答案】

願意，我會服從公司的安排。

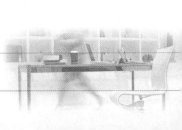

2 IT行業：你是聰明人、失意者、冒險家嗎？

IT行業是個新興行業，由於員工的年輕化，決定了這一行業「出生率」高，「死亡率」也高的特點。這個行業涉及面廣，用人機會多，促使員工更換工作的頻率大大增加。伴隨著網路技術的飛速發展，整個行業都急需大批技術精英，但是人才相對短缺，許多公司不得不高薪聘請所需要的人才。優厚的待遇吸引了大批求職者的目光，誰都想進入實力雄厚的大型跨國公司，但畢竟僧多粥少，沒有真才實學是不行的。就像唐僧去西天取經，九九八十一難的求職生涯開始了。履歷通過只是漫長的第一步，千盼萬盼接到面試通知，可是面試官們一個個火眼金睛，足智多謀，使面試處處暗藏殺機。

行業趣題

【問題】

怎樣具體地去解釋「死牛肉」這個詞的含義？

【應徵職位】軟體工程師。

【分析與解答】

這道題主要考察應徵者的技術能力、鑽研能力以及思維的嚴謹性。「死牛肉」的英語是DEAD BEEF。用字母一寫出來，程式師就會看的很明白，每個字母都是A～F之間，那麼是不是可以聯想到是一個十六進制的記號，在程式裡堆的開始和結束之間加DEAD BEEF做為標誌位，在堆釋放的時候，如果標誌位不正常，就會受到惡意程式入侵，破壞作業系統。這是個一語雙關的詞，在現實生活中死牛肉是不能吃的，而且還會引來許多蒼蠅之類的害蟲。在電腦方面，如果死牛肉變質了也會招來惡意程式入侵，使整個電腦程式遭到破壞。

升級版

1、怎麼向你六十歲的祖母解釋什麼是資料庫？只能用簡短的三句話。

【參考答案】

資料就像針、線，資料庫就像針線筐，不過要我來幫祖母在針線筐中找想要的東西。

2、在一個世界性的電腦展示會上，所有電腦公司的總裁都會來參加。如果讓他們做一件事情，你會讓他們做什麼事？

【參考答案】

告訴他們只准開發我們認證過的驅動。

3、如果微軟告訴你，他們打算投資五百萬美元來啟動你的投資計畫，你將選擇什麼樣的商業計畫？為什麼？（微軟經典面試題）

【參考答案】

我要做微軟的OEM，為了能更好的服務於微軟。

數字奧妙

【問題】

如果讓你給出0.9 的平方根，答案應該是多少？

【分析與解答】

數學試題也是IT行業中企業招募的常見題，考察了應徵者對基礎知識的掌握程度和對基礎知識的應用能力，其中暗含了對電腦基本原理的考察，這些都是電腦方面的基礎知識。

可以這樣去計算：1的平方根是1，0.81的平方根是0.9，那麼0.9是介於0.81和1之間，那它的平方根就一定在0.9和1之間。

升級版

1、在二十世紀有這樣一個年份，把它寫成阿拉伯數字時，正著看是這一年，把數字倒過來看還是這一年。你能告訴我這是哪一年嗎？

【參考答案】

1961年。

2、一個十尺深的井，青蛙在晚上可以向上爬三尺，但是白天一睡著就會向下滑二尺，問青蛙幾天才可以從井中爬出來？

【參考答案】

八天。第七天時爬到七尺高處，第八天晚上向上爬三尺，正好能爬出來。

3、在0和1之間加上什麼符號，要求最後得出的數既要比0大，但還要比1小？

【參考答案】

在0和1之間加小數點。

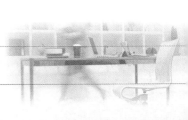

膽大的冒險家

【問題】

有一天你正在工作，有一架飛碟停在你面前，外星人下來邀請你，你會和他去嗎？如果它可以帶你去任何地方，你希望到哪裡呢？

【分析與解答】

這個問題主要是考察應徵者的冒險精神，應徵者要結合所應徵職位的需要，隨機做出回答。如果你應徵的是外資企業，它看重的是員工的創新和冒險精神，你就要做出肯定的回答。並告訴面試官你要讓外星人帶你去見世界上具有創新精神的人，並努力向他學習，使自己時刻保持創造力。

升級版

1、你來我們公司上班，老闆現在讓你去打一個人，你去不去？

【參考答案】

這是表現自我能力的最佳時候，要根據情況做出回答。

2、世界上最大的影子是什麼？為什麼？

【參考答案】

是黑夜。——因為它是地球的影子。

智商幾何

【問題】

在一個暴風雨的夜裡，你開著車遇到三個等車的人。一個是你夢寐以求的意中人，一個是突發疾病，急需去醫院的病人，一個是你的救命恩人，你一直想找機會想報答他。但是你的能力有限，你的車裡只能坐下他們其中的一個人，你會怎麼做？並說明理由？

【分析與解答】

這是考察應徵者的綜合素質和應對突發事件的能力。有時候需要放棄我們手中已經取得的優勢（汽車鑰匙），可能會因此得到更多。不妨這樣回答：把鑰匙交給你的救命恩人，讓他開車帶著病人去醫院，自己留下陪意中人。

升級版

1、一個人走進他的花園時，總是把什麼最先放在裡邊？

【參考答案】

腳印。

2、在一個又高又狹窄的玻璃杯中，放著一個玻璃球。不能傾斜玻璃杯，也不能用任何工具把球夾出來，你會用什麼辦法取出球？

【參考答案】

把玻璃杯打破。

3、有一個村莊裡住著四個好朋友，他們分別叫A、B、C、D。他們一個是教師，一個是花匠，一個是工人，一個是醫生。突然有一天，A的兒子受傷了，他帶兒子去找醫生。醫生有個女兒是C的妻子。工人一直沒有結婚，他家有個養雞場。B經常去工人家裡買雞蛋。教師每天都能見到C，因為他們是鄰居。你猜猜，他們四個人中，誰是教師？誰是花匠？誰是工人？誰是醫

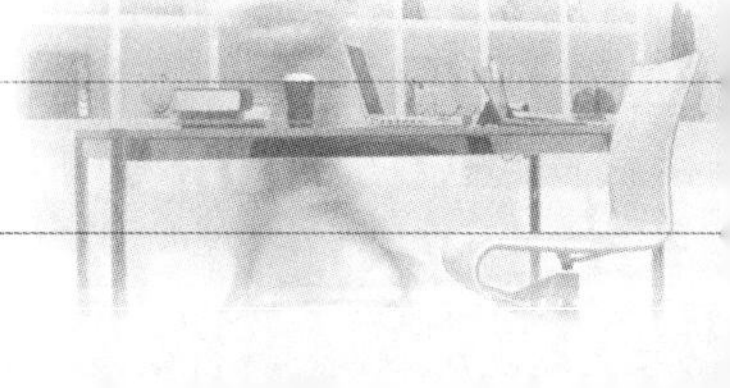

生？

【參考答案】

A是教師，B是醫生，C是花匠，D是工人。這是一個考察應徵者邏輯推理能力的試題。

3 石油業：找的就是未來的老闆！

在金融危機的衝擊下，原油價格一路下跌，給石油業帶來災難性的打擊。許多企業面臨著被兼併、重組或破產的命運。企業的倒閉帶來了員工的大量裁員，使很多人面臨著失業危機。

石油公司的兼併通常都是「大魚吃小魚」。那些小魚成了金融危機中的犧牲品，那些大魚們越來越大，成為國際石油業的頂尖企業。這些企業員工待遇高，工作環境也相對較好，成為很多年輕人夢寐以求的工作。但是這些世界級企業招募員工的標準也很高，既要求專業技能，還要求具備領導才能。企業希望每個員工都具備將來成為老闆的潛質，能夠領導團隊作戰。

行業趣題

【問題】

隨著現在能源的大量消耗，地球人要向外太空發展，如果現在去月球開採石油，請你拿出一個可行的方案。

【分析與解答】

這是考察應徵者的專業技能和實際操作的能力，同時也在考驗應徵者的綜合素質。應徵者要結合

自身的專業知識，還要考慮一些外在因素，展開豐富的想像力做出回答。

升級版

1、現在全球氣候變暖，環境污染越來越嚴重，做為地球人你怎麼看待環保問題？

【參考答案】

結合當前地球受到污染的程度，分析環保的好處。

2、在一個國家靠近河流的地方發現了大量石油，如果你負責把這些石油運送到幾千里之外的海邊，你主要考慮的是什麼問題？怎樣解決？

【參考答案】

疏通河道，具體給出一個可行的方案。

未來的老闆

【問題】

如果讓你來當我們企業的老闆，你能勝任嗎？

【分析與解答】

問題主要考察應徵者是否具備領導才能，是否有遠大抱負。

不妨這樣回答：經過我的努力，將來一定能。我在校期間曾經擔任了幾份工作中的領導職務，並且都很成功。更重要的是我相信自己的能力，並在工作中提升自己。我還能夠發現別人的領導潛能，並加以培養。發現人才並重用，這是對領導者最大的挑戰。

升級版

1、一名業務幹部，由於對工作不滿，偷公司的資料賣給他人，事後由於種種原因後悔莫及，把事情真相告訴了你，做為主管的你會怎樣處理？

【參考答案】

我會留下他，並相信他重用他。

2、如果在三國人物中選一個人做你的職業經理人，你會選諸葛亮嗎？為什麼？

【參考答案】

不會，諸葛亮不是好的職業經理人。因為他事必躬親，這是職業經理人最大的忌諱。

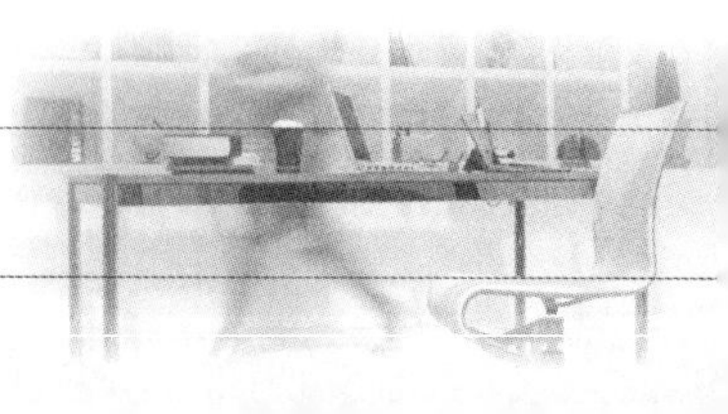

團隊協作

【問題】

你能談談皮鞋和鞋油有什麼關係嗎？

【分析與解答】

字面看題目很簡單，好像腦筋急轉彎，皮鞋和鞋油都有一個「鞋」字。其實，面試官考察的是應徵者的團隊協作能力。可以這樣回答：皮鞋要靠鞋油來延長自己的使用壽命，鞋油要靠皮鞋體現自身價值。所以兩者之間是合作關係，只有經過二者的密切配合才能各得其所。現代大型企業多是國際型的跨國公司，員工來自世界各地，所以員工的團隊協作精神必不可少。

升級版

1、狼為什麼能夠捕獲到奔跑速度快的羚羊，而很少能捕獲到跑得慢的馬呢？

【參考答案】

羚羊是孤軍作戰，雖然跑得飛快也難逃狼群的圍追堵截，而馬是團隊作戰，狼來時，馬群頭朝內把老弱病殘圍在中間，然後外面身強體壯的馬用後蹄防禦，被踢到的狼非死即傷。

2、南北遷徙的大雁，為什麼總是排成「一」字形和「人」字形？

【參考答案】

在這樣的隊形中，每一隻大雁在飛行的過程中，都會為後面的同伴增添一股力量，進而減少體力消耗。大雁長途跋涉，要飛行十幾天，單隻大雁是無法完成這遙遠的旅程的，牠們只有靠團體的緊密結合才可以到達目的地。

溝通能力

【問題】

假如你是《水滸傳》中的宋江，在朝廷招安時，有很多弟兄不同意投降朝廷。而且當時有人提出，如果有一半以下的人不同意投降，你將被處死。你應該怎樣做，才能既可以投降朝廷，又能存活下來？

【分析與解答】

考察應徵者的領導和溝通能力。領導者必須學會溝通，學會聽取下級的意見，否則可能會被淘汰出局。你不妨這樣做：事先跟手下的弟兄分析出利害關係，聽取大家的意見，溝通好。最後再決定怎樣去做。

升級版

如果你是老闆助理，有一女員工參與了一起罷工事件。老闆讓你找女員工談話，請問你怎麼處理

這件事？

【參考答案】

先瞭解情況然後單獨談話，弄清楚女員工的意思，再向老闆彙報。無論最後是什麼結果，都要給員工一個交代。如果錯在公司，一定要處理，最後要告訴女員工這個事情的嚴重性，以後要用正確的方法反應問題。

智趣巧答

【問題】

有一個人孤身去海洋中的孤島探險，在回來的途中遇到不測，他船上有火柴、塑膠布、鏡子、食物、水和指南針，可是小船承載不了那麼多東西，需要扔掉一些。你認為他最後應該保留哪件物品？

【分析與解答】

最後保留鏡子，因為鏡子對他最重要，可以用鏡子反光向別人求救。

升級版

1、有一個家族，家規特別嚴。一個家族中的人做了錯事，族長宣布要處死這個人，家族中的很多人來求情。族長最後決定給犯錯的人一次機會，他告訴犯錯的人臨死前可以說一句話，如果這句話是真的，將被絞死；如果是假的，將被沉到河底，這個可憐的人怎樣回答才能活下來？

【參考答案】

「我要被沉到河底。」

解析：如果判定這句話是真話，那麼按照規定，犯錯者應該被絞死。然而，犯錯者說的是自己「被沉到河底」，因而顯然不能算為真話。如果族長判為假話，那麼按理說假話的規定，犯錯者將被沉到河底，但犯錯者恰恰就是說自己「將被沉入河底」，這表示他的話是真話。因此，也不能將犯錯者的話判定為假話。

2、一架飛機正在空中飛行，忽然沒有油了，問什麼東西最先掉下來？

【參考答案】

油表指針最先掉下來。

3、都說情人眼裡出西施，那你知道西施眼中出什麼嗎？

【參考答案】

出眼屎。

4 製造業：透過考試發現奇才、怪才

製造業在經濟發展中，有著舉足輕重的地位和作用，伴隨著世界經濟一體化，尤其是在現代資訊高速發展，世界正發生天翻地覆變化的時期，製造業變得更加重要。在全球性的金融危機中，整個經濟都在衰退，製造業也不例外。但是製造業包括的範圍很廣，涉及到很多方面，比如汽車製造、電腦製造、手機製造、日用品製造等等，所以需要大批的一線員工和技術人才。現在很多國際上大的製造商看似按兵不動，其實都在高階人才上暗暗下工夫，儲備後續力量。但是這些企業對員工的工作經驗和專業技能要求很嚴格，需要的是綜合素質高，有豐富經驗的專業人才。

遊戲出人才

【問題】

艾麗去參加面試，面試官讓她和其他人一起用麻將牌搭一座比薩斜塔，塔要高、要穩，還要有創意，給人的感覺就像地產開發商競標一樣。在整個遊戲的過程中，面試官一直在旁邊仔細觀察並不時做著記錄。遊戲最後讓每個人總結發言，面試官用國語提問，應徵者用英語回答，這在遊戲中起到錦上添花的作用。

【分析與解答】

這類遊戲考題可以讓面試官在客觀的環境下，充分考察出應徵者的領導才能、合作能力、溝通能力以及應徵者的智商、社交能力等等。此類考題的好處是，能夠突破實際工作中時間與空間的限制，模仿的內容真實感強，具有競爭性，而且趣味性強，使應徵者精神放鬆，隨意發揮，能夠最大限度展現真實的自我。

升級版

1、企業要招募一批應屆畢業生，面試開始，面試官讓這些學生在寒冷的冬天，冒著大雪跑到附近的一座山下，然後跑回來。結果有的人投機取巧跑到半路就回來了；有的跑到目的地，可是卻乘坐計程車回來；有的同學很認真地跑完全程。最後的結果可想而知，只有最後一種人被公司錄取。

【參考答案】

這主要是考驗一個人的意志力和吃苦耐勞的精神。製造業需要大批的一線員工，吃苦耐勞是員工必須具備的素質。

2、面試官給每個應徵者一盒各種顏色的玻璃球，要求在一分鐘內挑出混在一起的玻璃球，並按各種顏色分別排列好，沒有完成的人被當場淘汰。

【參考答案】

這主要是考察應徵者的手腳靈活度。

魔幻推理出奇才、怪才

【問題】

有一天，老師為了提高學生學習的積極性，做了一個有趣的遊戲：他在三個同學A、B、C的背後，分別貼上一個寫有正整數的紙條，這三個人只能看到其他兩人背上的數字，看不到自己的，老師告訴他們其中兩個數的和等於第三個數。然後老師問他們三個人誰知道自己的數字是多少，三個人都說不知道。老師又問了第二次，A、B都說不知道，可C說知道了，他說自己背上的數是144。那麼你猜猜A、B背後的數字分別是多少？為什麼？

【分析與解答】

這是個邏輯推理題，主要考察應徵者的推理和反應能力，這樣的題目答案是次要的，重要的是解題過程。首先從已給出的條件開始推理，第一個說出數字的應該是兩數之和的人，因為另外兩個加數的人所獲得的資訊應該是均等的，在同樣的條件下，一個人推不出自己的數字，另外一個人也照樣推不出來。如果第三個人在老師第一次問時就回答自己是144，那麼就可以很容易推斷出另外兩個是48和96，那麼為什麼老師問了兩遍C才回答是144呢？這就需要近一步去分析：

①只有當三個人的數中有兩個人的數字相同的時候（假定為A），那麼另一個人才能猜出自己的數是A＋A＝2A，不可能是A－A＝0，因為每個人的數都是正整數。這是唯一能「直接」猜出自己的數的方法，但是在第一輪的猜數中，沒有人猜出自己的數，顯然三個人的數不是A，A，2A。

②當三個人的數是A，2A，3A的時候，那麼3A的那個人就能利用①中的結論「間接」猜出自己的數。假定第三個人是3A，那麼他看到另外兩個人的是A和2A，他就知道自己或者是A或者是3A，如果他是A，那麼另兩個人無論誰是2A，都能立刻猜出自己的數。實際上前兩個人都沒猜出來，所以第三個人不可能是A，那麼一定是3A。

假定第一個人或第二個人是3A，那麼他在第一次猜的時候是不可能立刻知道自己是3A的，只有當另兩個人都猜了並且猜不出的時候，他才能知道自己是3A。

結論：如果三個人的數是A，2A，3A的組合時，最遲到第二輪的第二個人就有人能猜出來。

③實際上到第二輪的第三個人才猜測出來。那麼我們可以推測出第三個人是4A，而其他兩個人分別是A和3A。第三個人一直在想自己是2A還是4A，在第一輪猜測中他無法得知自己是哪個數，但是到了第二輪時他能確定自己是4A了。因為如果他是2A的話，那麼根據②當中的結論，3A那個人應該先於他猜出來，但是3A那個人兩次都沒猜出來，所以他確定自己是4A。

也就是C說的數是144＝4A，那麼另兩個人分別是A＝36，3A＝108。

升級版

1、皮特去超市買飲料，正趕上超市有促銷活動，可以憑三個空飲料瓶換一瓶飲料，皮特有二十七個朋友，問皮特最少買多少瓶飲料才可以一人一瓶飲料？

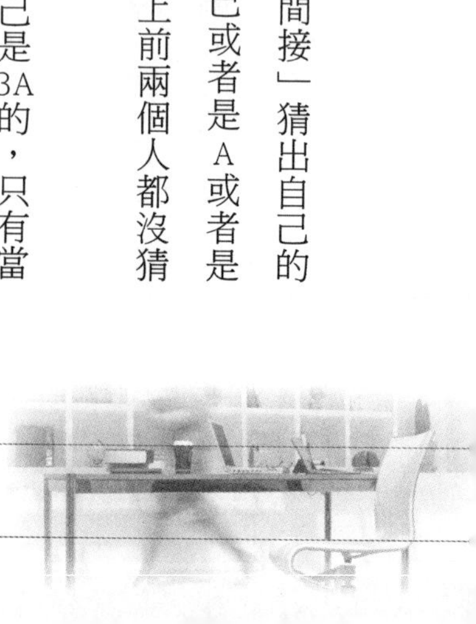

【參考答案】

買十八瓶。

2、海倫這次考試在班級中正數是第十五名，倒數也是第十五名，問該班有多少學生？

【參考答案】

共二十九人。

腦筋急轉出奇談怪論

【問題】

有三個人去住旅店，店小二向每人要了一百文的房費，三人共計三百文。老闆為了招攬顧客又退了五十文錢給三個人，結果被店小二貪污了二十文，只將三十文退給了顧客，這就相當於每人付九十文的房費。可是三個人一算，每人住店花九十文乘以三個人，再加店小二扣的二十文，不知道為什麼不等於之前的三百文了，怎麼算都少了十文錢，請問哪個環節出了問題呢？

【分析與解答】

這是個迷惑人的題目，考察應徵者的思維能力和反應能力。其實很簡單，一開始店小二就扣了十文錢，然後他把二九十文給了老闆。老闆退回來五十文，店小二又扣了二十文，最後店小二一共扣了三十文。

升級版

1、有一個可怕的傳說，如果你遇見白無常可以活著，如果你遇見黑無常就會死掉，那麼你同時遇見黑白無常會怎樣呢？

【參考答案】

你會被嚇得半死不活。

2、鍾斯早起開門一看，地上躺了一堆屍體，可是她一點也不害怕，拿起工具處理起地下的屍體來，你知道為什麼嗎？

【參考答案】

地下是她昨天噴灑殺蟲水後死掉的蚊子和蒼蠅屍體。

3、一個考上哈佛大學的人，以正常的速度讀完哈佛大學需要花多長時間？

【參考答案】

讀完「哈佛大學」四個字只要一秒鐘。

5 日用品：必須具備的七大能力

你知道嗎？寶潔的產品每天與全球一百六十多個國家和地區的消費者發生三十億次的接觸。從這個數字就可以看出，日用品的市場有多麼龐大。雖然現在各行各業都受到金融危機的影響，但日用品是人們生活中的必須品，受到的衝擊相對來說不是很嚴重。這類企業需要的大多是一線員工和銷售人才，以及技術精英。日用品行業的招募條件相對寬鬆，進而給很多人創造了就業機會。企業在招募時更注重的是人才的七大能力：對工作的責任感、對公司的忠誠度、創新精神、有沒有潛力可挖、抗打擊能力和反應能力如何，還有銷售人員的語言能力。

表現出你的責任心和忠誠度

【問題】

一個世界著名的日用品公司招募員工，在最後一輪面試中，老闆拿出一張百元假鈔依次給三個應徵者，命令他們到樓下超市買一包香菸。第一個人被老闆的行為激怒了，他沒有拾起老闆扔過來的鈔票，而是扭頭就走，邊走邊想：「還沒有被正式錄用就頤指氣使，根本不尊重員工，即便是失去這份工作，也不受這份窩囊氣！」第二個人進來後遇到了相同的情況，他微笑地拾起老闆扔過來的錢，快步走出辦公室，但卻沒有用老闆的錢買菸，因為他發現那張百元鈔票是假鈔，可是他太想得到這份工作了，於是只好無奈地用自己的錢為老闆買了一包菸，並把找回來的零錢交給了老闆。第三個人進來後，面對相同的情況，採取了不同的做法，他發現錢是假鈔，當場把錢交給老闆，要求換一張真鈔。

請問：如果你是老闆會錄取哪一位？為什麼？

【分析與解答】

當然是錄取第三位應徵者。因為第一位應徵者缺乏服從意識，心態不夠端正，缺乏對工作高度負責的態度，容易感情用事，關鍵時刻可能會出問題。因此，老闆一般不喜歡這類員工。第二位應徵者雖然具有服從意識和敬業精神，但卻是一種被動服從、盲目服從，在工作中遇到重大問題時，往往缺乏冷靜和理性的處理能力，容易出現重大失誤。第三位應徵者正是企業需要的人才，高度負責又理性對待，具有很強的專業能力，可以委以重任。

升級版

1、在招募現場有很多應徵者，當一個應徵者進來時，主考官看了看，急忙迎了上去，並親切地與之握手，嘴中還不停地說：「你不就是上次救我女兒落水的無名英雄嗎？我一直在找你，當時忘了留你的姓名和聯繫方式，真得好好謝謝你啊！」這位應徵者當時就糊塗了，因為他根本不認識這個主考官，也不是救他女兒的人。如果你是那個應徵者會怎麼做？

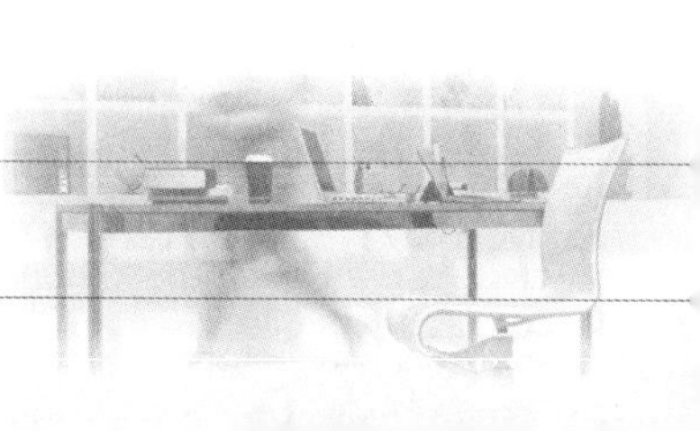

【參考答案】

這是招募公司故意導演的一場心理測試，主要考察應徵者是否具有誠實的品質。如果應徵者當時將錯就錯，順水推舟，那麼後果就是被淘汰出局。如果應徵者做人誠實，就會明確告訴面試官他沒有救過人，是面試官認錯人了。

2、一天，你帶女友和母親去划船遊玩，忽然船翻了，你的母親和女友都掉入水裡，她們都不會游泳，這時你會先去救哪一個？

【參考答案】

先救母親，因為老年人身體弱在水中堅持時間短。這類題沒有正確答案，主要從答案中考察應徵者的思維方式和性格品質。

挖掘出你的創新精神和巨大潛力

【問題】

在一個國際著名的牙膏公司裡，因為市場上牙膏趨於飽和，銷售量一再下滑。公司總裁心急如焚，不惜花重金尋求能迅速打開銷售局面的有效方案。這時有的業務主管提出加強廣告力度，有的提出更改包裝，有的提出鋪設更多銷售管道。這時公司的一個服務人員向老闆建議，她說每個人刷牙擠出的牙膏長度是固定的，因為已經形成了習慣，只要把牙膏管的口開大一些，這樣每天用的牙膏量就增加很多。原來一個月用一支牙膏的，現在就會用兩支，銷售量不就上去了嗎？你認為哪種方案最可行？為什麼？你能想到更好的方案嗎？

【分析與解答】

這道題主要是考察應徵者是否有創新意識。最後一個方案最為可行，雖然將牙膏管開口大一些看似簡單的事情，可是很多人都沒有想到，人們往往墨守成規，用習慣性的眼光看待事物，進而束縛住了自己的思維。要想在企業有所發展，一定要培養自身的創新精神。

升級版

1、你會用什麼辦法將梳子賣給和尚？

【參考答案】

有三種方法可以將梳子推銷給和尚。

第一種，把梳子直接賣給和尚，告訴他可以用梳子搔癢，結果買的人很少。

第二種，把梳子賣給寺院裡的方丈，告訴他應在每座廟的香案前放一把梳子，供善男信女們梳理被風吹亂的頭髮，因為蓬頭垢面是對佛的不敬。這樣每座廟買一把，但寺廟有限賣的也不多。

第三種，在梳子上分別寫「開光梳」、「積善梳」、「智慧梳」、「姻緣梳」、「流年梳」、「功名梳」等等，然後告訴住持可以按照上香人的貧富把這些梳子賣給他們，並收取一定的費用。這樣既增加了寺院的收入，也提高了寺院的檔次。住持答應試試，果然效果不錯，一傳十，十傳百，寺廟的香火越來越旺，善男信女們源源不斷地買梳子。這種辦法賣的最多。

2、請你舉一個例子，說明你的一個創意被採納，而且起了很大的作用。

【參考答案】

舉的例子要具體，要強調你的創新建議的最終結果如何。

發揮出你的抗壓能力和反應能力

【問題】

一個公司招募員工時，面試官提出一個奇怪的題目：你進入一個公共廁所，如果這個廁所每個隔間裡都沒有人，你會選擇進哪個位置的隔間？

【分析與解答】

這樣的怪題主要測試應徵者的心理承受能力和性格特點。選擇最裡面的，說明這個人膽小、粗心，他沒有注意到其他位置根本沒有人，進而捨近求遠。選擇最外面的人很細心，證明這個人善於觀察問題，而且性格開朗。

升級版

1、全球有多少輛汽車？

【參考答案】

這道題考察應徵者的反應能力和解決問題的能力，其實答案並不重要，關鍵是解題思路。

可以這樣回答：有多少品牌就有多少汽車。

2、有一個人死後來到了冥府，因為他的陽壽還沒有結束，閻羅王就放了他。他離開閻王殿發現面前有兩條路，一條通生，一條通死，有兩個護衛，其中一人只說真話，而另外一人只說假話，請問這個人如何問路才能回到陽間？

【參考答案】

他只要隨便問一個人：「另一個人會告訴我往哪邊走？」然後只要按照他回答的相反方向走，就可以到陽間了。

秀出你的語言表達能力

【問題】

請你給我們講一個笑話，要把在場的所有人逗樂。

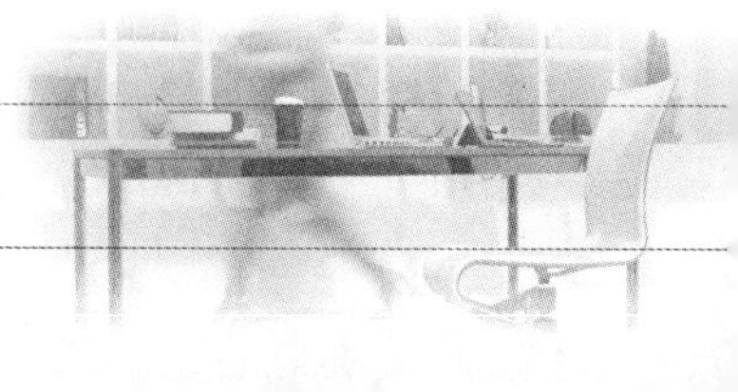

【分析與解答】

這是一個看似很簡單的問題，其實你會發現在關鍵時刻能講好一個笑話也很難。它主要是考察應徵者的語言組織能力和社交能力。在講笑話時，一定要記住以良好的客戶意識和滿足客戶需要為目的，不要講一些內容不好的笑話，那樣對方會懷疑你的人品。

升級版

面試官：把我當成你的客戶，把你的手錶用五分鐘的時間賣給我。

【參考答案】

這類問題考察的是應徵者的語言組織能力和反應能力。推銷時要把這款手錶的特性展示出來，突出它與其他手錶的不同之處。思路要清晰，語言要流暢。

6 金融業：考試的最終結果你不一定是最優秀的

近年來，隨著社會資訊化的高速發展，大量電腦方面的人才湧入金融業，發揮了重要作用。特別是在證券公司，如果它的交易系統出現了問題，那將是一場無法預計的災難。

隨著市場的發展，金融行業需要大批具有綜合素質的人才。許多大的金融機構不再看重考試的最終結果，只要綜合素質過關就會被錄取。

考驗的是——行業品質

【問題】

有人把六隻小白鼠分成三組分別關在三個房間裡，然後分別放上食物。在第一個房間裡，把食物放在了門口的地上；在第二個房間裡，把食物按照從易到難放置；在第三個房間，把食物吊在天花板上。幾天後人們發現，第一個房間的小白鼠一死一傷，第二個房間的小白鼠都活著，第三個房間的小白鼠都死了。

請你說說其中的道理。

【分析與解答】

這個題目主要考察應徵者分析事物的能力和面對困難的態度。第一個房間裡的食物放在地上，很容易得到。人或者動物對唾手可得的東西總是充滿自信，認為自己應該得到的最多，而自相殘殺。第二個房間裡食物從易到難放置，小白鼠們為了生存，對於不容易拿到的食物，牠們相互配合，最後獲得成功。人也是一樣，對於要付出努力而達到的利益，總是相互配合，相互鼓勵，公平地去獲得，不會半途而廢。這樣既可以充分調動積極性，又可以避免不必要的衝突，也說明了團隊合作的重要性。第三個房間的食物吊在天花板上，小白鼠們沒有做任何努力，直接就放棄了，所以餓死了。同樣的道理，人往往也是被一點點的困難嚇到，不去嘗試，就輕易放棄了，最終只有死路一條。

升級版

1、你正在工作，突然遭遇歹徒打劫，此時你做的第一件事是什麼？

【參考答案】

立刻鑽到桌子下面並按響警報器。

2、一個人急需用錢，忍痛賣掉了自己收藏多年的兩張收藏卡，每張六百美元。其中一張賺了20%，另一張虧了20%。問：他最後是賺錢還是賠錢？賠賺多少？

【參考答案】

賠了五十元。

提升的是——精英素質

【問題】

假如有兩種動物可以到達東方明珠電視塔的最高處，一個是背著房子慢慢爬行的蝸牛，一個是可以展翅高飛的雄鷹，你更喜歡哪一種動物的到達方式？

【分析與解答】

主要考察應徵者的毅力和恆心。不妨這樣回答：我更喜歡蝸牛。財富是日積月累而得到的，就像蝸牛一樣，一步一個腳印地向上爬，既可以穩健達到目標，又可以欣賞一路的風景，體會其中的樂趣。老鷹雖然可以在很短的時間內就可以飛上去，但是在途中遇到困難和挫折容易放棄，最終失敗。就像杜拜「沙漠神話」的破滅，發展得快，結束得也快。

升級版

1、在一次面試中，面試官讓面試者冒雨到附近的營業據點，然後原路返回，看誰返回的速度快。但只給一部分人發了雨傘，而且不允許乘坐交通工具。這時出現三種情況：有的人主動拿著雨傘去找沒有雨傘的人，大家互相幫助；沒有分到雨傘的人找分到雨傘的人協商共用一把；還有個別自私的，唯恐別人超過自己，自顧自地出發了。最後結果不是返回最晚的被淘汰，而是只顧自己的被淘汰了。如果你是其中一員，你會怎麼做？

【參考答案】

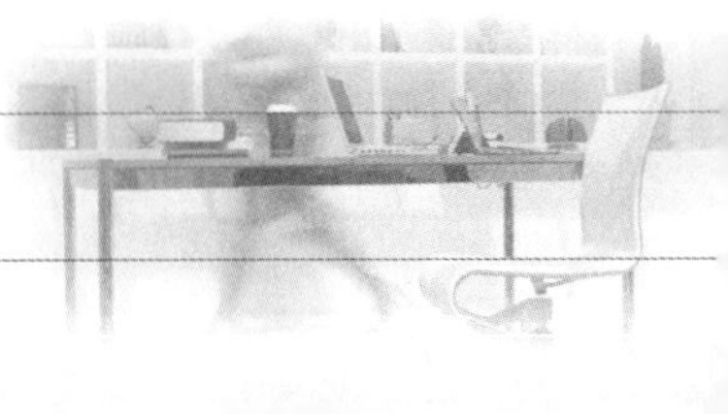

這個題目主要考察應徵者的合作精神，不但可以提高應徵者的溝通能力，還能體現其做人的一些品質。不妨這樣做：如果你有雨傘，要主動幫助沒有雨傘的人；如果沒有雨傘，要和有雨傘的人溝通，共用一把傘。

2、有句古語：「只要工夫深，鐵棒也能磨成繡花針。」你從這句話中學到了什麼？

【參考答案】

只要有毅力和恆心，沒有什麼事情做不到的。

檢驗的是——能力

【問題】

一個日本人學做生意，他去養雞場花了80日元買了一隻雞，90日元就賣掉了，又花100日元買了同樣的一隻雞，110日元賣掉了，你認為這個日本人是賺了還是虧了？為什麼？

【招募職位】風險投資專案經理。

【分析與解答】

這個題有三種解法。

第一種解法：這個日本人賺了20日元，同樣的雞買了兩次，第一次賺90－80＝10日元，第二次賺110－100＝10日元，一共賺10＋10＝20日元。

第二種解法：本來可以賺40日元，結果就賺了20日元，也就是說虧了20日元。同樣的雞一次買兩隻，第一次賣一隻賺90－80＝10日元，第二次賣一隻賺110－80＝30日元，這樣一共可以賺40日元，結果日本人分兩次買就只能賺20日元。

第三種解法：虧了40日元，他可以一次性買兩隻同樣的雞，然後110日元全部賣掉，那就是（110－80）×2＝60日元，可以賺60日元，結果這個日本人只賺了20日元，不是虧了40日元嗎？

得出第一個答案的人，說明他墨守成規，思想保守；得出第二個答案的人，有一定的創新精神，但是不敢冒險，小心謹慎；得出第三種答案的人說明他自信心強，勇於冒險，願賭服輸。做風險投資項目經理的責任就是將現金利潤最大化，所以勝算的也是得出第三個答案的人。

升級版

你去商店買了一個瓷花瓶，花了50元，你估計這個花瓶值60元。在回家的路上，不小心花瓶被打破了，你還會再買一個嗎？

【參考答案】

還會重新買一個。因為你的估算價值高於實際價值，值得買。

測驗的是——智力

【問題】

在一個汽車站，每半個小時有一輛汽車向南開走；每半個小時有一輛汽車向北開走。你每天無論任何時候到站，都是坐最先來到的開往任何方向的汽車走，一年後你驚奇地發現，在這一年中你90%的時間，都坐的是開往北方的汽車，為什麼？

【分析與解答】

除去一年中的節假日，剩下90%的時間，你之所以每一次坐的都是向北方開的車，因為汽車站在南極。

升級版

「天空總是藍的」，這句話對嗎？

【參考答案】

不對，夜晚的天空是黑的，所以人們總說天黑了。

7 諮詢業：全面發展的頂尖人才

諮詢業是一個新興的智力服務行業，業務涉及金融、高新技術、傳媒、電信等領域，是二十一世紀最具有發展潛力的朝陽行業。一些國際知名的大諮詢公司，員工收入十分可觀，而且公司提供了較高的職業發展平臺，因此吸引了眾多的求職者。由於行業的工作性質決定了員工要與不同的客戶打交道，所以行業需要的是全面發展的頂尖人才，既要具備良好的社交能力和溝通技巧，還要有很好的應變能力等等。

職業能力測試

【問題】

某個國家的法庭正在審理一起殺人案，雙方律師進行著激烈的辯論。原告律師問被告：「你殺了人，為什麼不承認？」被告律師辯護道：「你有什麼證據證明被告殺了人？一會兒那個所謂的被害人就會出現在這裡。」大家譁然，都紛紛扭頭向門口望去。可是過了很長一段時間，被害人都沒有出現。原告律師指責道：「你在撒謊，被害人並沒有出現！」被告律師大聲說：「請大家原諒，我這樣做只是想證明被害人不一定死亡，因為員警沒有找到屍體，大家剛剛回頭望著門口，說明大家也不敢肯定被害人死了，所以殺人罪並不成立。」原告律師想了想，說了一句話，法官判了被告人殺人罪成立。你知道原告律師說了什麼？

【分析與解答】

此題考察的是應徵者的反應能力和邏輯思維能力，這些能力都是諮詢業人員必備的素質。原告律師可以這樣說：「當人們都不確定被害人有沒有死而向門口看時，被告卻沒有向門口看，因為他知道被害人是不會出現的。這也就證明了他親手殺了被害人。」

升級版

1、在一個碗裡放著紅色和綠色的糖塊，給你兩個空碗，讓你在十分鐘內把這些糖塊分開，你會怎麼做？

【參考答案】

只要挑出一種顏色的糖塊就可以了。這是一個迷惑人的題目，故意多給一個碗。

2、你被心愛的人拋棄以後怎麼辦？

【參考答案】

面試官無意窺探你的個人隱私，只是根據這個問題測試一下你的抗打擊能力。在現實生活中任何人都會遇到不同的打擊，關鍵是要找到一種有效的方法控制自己，承受住打擊，並產生動力。

迷惑人的數字

【問題】

幼稚園每天都會加水果餐，有一天加餐時阿姨發現水果不夠了，因為有六個小朋友，可是只有五個柳丁，怎麼給小朋友平均分配呢？阿姨想到可以切開分，但是又不能切的太小，那樣小朋友不容易拿住，所以阿姨想到一個柳丁切三塊正好。可是每個都切成三塊也不能平均分配，如果換成你，該如何給小朋友分呢？

【分析與解答】

這是個數字遊戲題，不要被「每個都切成三塊」迷惑了。把其中三個柳丁每個切成兩塊，六個小朋友正好每人一塊，然後把剩下的兩個每個切成三塊，這樣六個小朋友每人又分了一塊。

升級版

1、數字在一種傳統遊戲中變得非常有趣，「2比5大，5比0大，0比2大」，請問這是什麼遊戲？

【參考答案】

「剪子、石頭、布」遊戲。

2、商店辦促銷活動，礦泉水一元一瓶，兩個空瓶也可以換一瓶礦泉水。如果你有二十元最多可以買多少瓶礦泉水？

【參考答案】

最多可以買20＋10＋5＋2＋1＝38瓶礦泉水。

蠱惑人的推理

【問題】

幼稚園老師買了一箱蘋果準備分給小朋友。第一個小朋友取走了一個蘋果和剩餘蘋果的1／9，第二個小朋友取走了二個蘋果和剩餘蘋果的1／9，第三個小朋友取走了三個蘋果和剩餘蘋果的1／9，第四個小朋友取走了四個蘋果和剩餘蘋果的1／9，依次類推，最後把全部蘋果一個不剩地分配給了所有小朋友。請問幼稚園共有多少個小朋友，共買了多少個蘋果？

【分析與解答】

這個題目主要考察應徵者的逆向思維能力。根據給出的條件可以得出，最後一個小朋友取走的蘋果數量應與小朋友的人數相等。他前面一個小朋友取走所有小朋友人數減一個蘋果和剩餘蘋果的1／9。由此可知最後一個小朋友得到的是剩餘蘋果的8／9。即，在最後一個小朋友取蘋果的時候，剩餘蘋果應是八的倍數。假設最後一個小朋友取走的是八個蘋果，那麼，全園共有八個小朋友。第七個小朋友取走七個蘋果再加上剩餘九個蘋果的1／9，共八個蘋果。第七、八個小朋友一共取走十六個蘋果，這應該是第六個小朋友取走六個蘋果後剩餘蘋果的8／9。我們可以得到第六個小朋友取走六個蘋果後剩餘的蘋果數為16／（8／9）＝18。第六個小朋友取走的蘋果數為6＋18／9＝8。第五個小朋友取走五個蘋果後剩餘蘋果的8／9為8＋8＋8＝24個。則第五個小朋友取走五個蘋果後剩餘的蘋果數為24／（8／9）＝27個。第五個小朋友共取走5＋27／9＝8個蘋果。第四個小朋友取走四個蘋果後，剩餘蘋果的8／9為8＋8＋8＋8＝32個。則第四個小朋友取走四個蘋果後，剩餘的蘋果數為32／（8／9）＝36個。第四個小朋友共取走4＋36／9＝8個蘋果。第三個小朋友取走三個蘋果後剩餘蘋果的8／9，為8＋8＋8＋8＋8＝40個。則第三個小朋友取走三個蘋果後，剩餘的蘋果數為40／（8／9）＝45個蘋果。第三個小朋友共取走3＋45／9＝8個蘋果。同樣，第二、第一個小朋友也分別取走八個蘋果。

因此，每個小朋友都取走八個蘋果，共有八個小朋友，可以算出是六十四個蘋果。

升級版

員警在審訊一起入室盜竊案，已經查明作案人就在A、B、C、D四個人之中，並錄下了口供：

A說：「案發當天，我出差了，根本沒有時間去偷東西。」

B說：「是D偷了東西。」

C說：「是B偷了東西，我看到他去賣偷來的東西了。」

D說：「我以前得罪了B，他故意陷害我。」

四個人中有一個人說的是實話，其他三個人都在撒謊，你知道誰是罪犯，誰是說實話的人嗎？

【參考答案】

A是罪犯，D說的是實話。

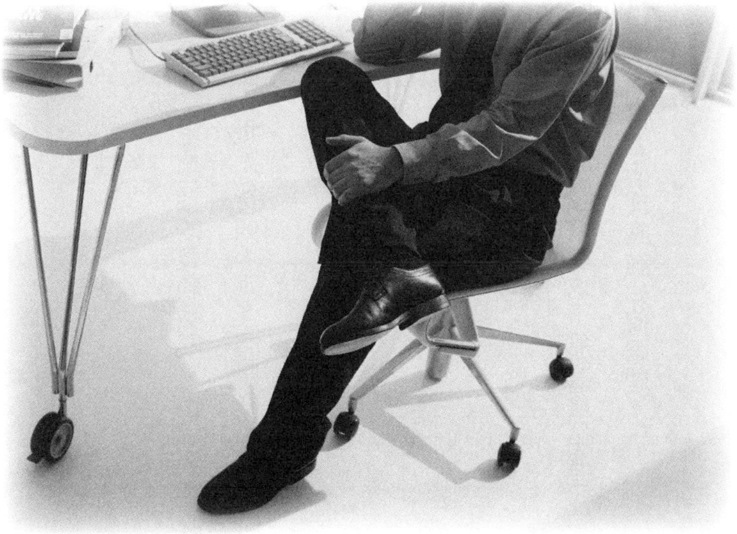

8 零售業：測測你的團隊精神和工作能力

零售業關乎著人們的衣、食、住、行，有巨大的發展潛力。零售業的蓬勃發展，也解決了許多人的就業問題。但這一行業並不十分重視員工學歷，而是需要大批工作能力強，有團隊合作精神的人才。

顧客就是上帝

【問題】

一位顧客買了一盒食品，回家食用，結果家人出現腹瀉，經醫生診斷是吃了那盒食品造成的。顧客非常氣憤，要求超市賠償醫療費用以及購買商品的費用。你做為經理應該如何處理？

【分析與解答】

本題主要考察應徵者對具體事件的反應處理能力和溝通能力。不妨這樣做：先穩定顧客的激動情緒，讓顧客發洩出心中的不滿，然後聽取顧客的要求，以誠懇的服務態度打動顧客，讓他覺得超市很重視這件事情。接著把情況報告你的上級主管，對顧客做出適當賠償。整個事情處理的時間不要太長，那樣會影響超市的信譽。

升級版

1、一位顧客要趕時間，選擇了整整一購物車的商品，在他要付款時，發現還有一樣東西沒有買，就把車子連同商品放在收銀臺旁邊。回來後卻發現自己挑了半天的商品都不見了，顧客為此大發雷霆，對於這件事你該如何處理？

【參考答案】

先安慰顧客並道歉，然後和同事一起用最快的速度幫顧客挑選商品。

2、一位媽媽帶著寶寶來購物，她手中拿著一個裝寶寶東西的包包，在入口處被迎賓員攔住，要她把包包存放，才可以進去。這位媽媽以抱孩子不方便為由不去存包，雙方僵持起來。如果你是迎賓員，怎樣處理這件事？

【參考答案】

向她講明這是超市的規定，如果她真的是有孩子不方便，可以幫她去存，或者用袋子封上。

工作最重要

【問題】

一個大型超市招募員工，面試官的桌子上放了幾盒餅乾，而且註明餅乾當天正好過期。面試官翻看完履歷，與應徵者交談幾句後，應徵者都會拿起一塊餅乾品評一番，然後給面試官一個品嚐結果和意見。如果你也來應徵，面對過期的餅乾會怎麼做？

【分析與解答】

面試官面前的餅乾是專門設計的考察科目，用來考察應徵者的專業素質。做為一名超市工作人員，必須具備細心認真，對工作負責的態度。正確的做法是拒絕品嚐，雖然很多食品剛剛過期對人體不會造成太大的傷害，但根據食品安全的規定，過期食品是不能食用的。

升級版

1、一個超市招募保安，大部分應徵者都已經到了現場，可是面試官遲遲沒有來。這時有一個年紀稍大的人提出，大家排隊等候面試。眾人都很自覺，有秩序地進行排隊，這時從外面進來一個人高馬大的人，直接站到了隊伍的最前面。對於他的插隊行為很多人看不順眼，但是畏於他的大塊頭，卻敢怒不敢言。如果你也是其中的一員，會怎樣做？

【參考答案】

做為保安人員要為公司的安全負責，對於違反規則的人要給予制止，維護大家的合法利益。正確的做法是：上前勸阻插隊者，讓他回到他應該在的位置上去。

2、到了下班時間，你正要離開收銀臺，這時有個顧客看到別的收銀臺前排隊的人很多，便走過來要求你為他服務，不然就投訴你。這時，你會怎麼辦？

【參考答案】

向他解釋已經不能收款，並讓他知道你也很想幫助他但是無能為力。

團隊小家庭

【問題】

在一個國際著名的大公司，海倫擁有很高的學歷，而且兢兢業業，工作做出了成績。她總是埋頭專注自己的工作，從來不和別人打交道，事事親力親為。按照她的學歷和才能，職位早就應該晉升了，那些能力比她差的人都步步高升，她卻一直原地不動，連個私人的辦公室都沒有。你知道這是什麼原因造成的嗎？

【分析與解答】

公司需要員工創造一加一等於三，等於四甚至更多的成績，這就需要每個員工緊密合作，具備良好的團隊意識。海倫之所以原地踏步，原因就是她沒有團隊精神，總是埋頭自己的工作，孤軍奮戰。只有善於和別人合作，才能得到同事和主管的支持，發揮出自身更大的能量。

升級版

1、你一直工作很努力，可是和主管性格不和，經常產生一些小摩擦。你認為主管是在報復你，你會不會向上層主管表達你的意見呢？

【參考答案】

本題考察應徵者的團隊意識和溝通能力。你要主動和主管溝通，檢討自己是否在工作中有欠缺之處。如果不是你的問題，溝通也不起作用，就應該向上層主管反應情況，不能因為個人因素影響整體的工作。

2、你和好朋友在一起工作，她工作懶散還經常遲到，已經影響了你們整個部門。你勸她很多次都沒有效果，是不是該向上級主管彙報呢？

【參考答案】

應該向上級彙報，這樣做也是為你的朋友好，每個人都要有團隊精神，不能因為一個人影響整體。

快速旋轉的頭腦

【問題】

紙最怕什麼？布最怕什麼？

【分析與解答】

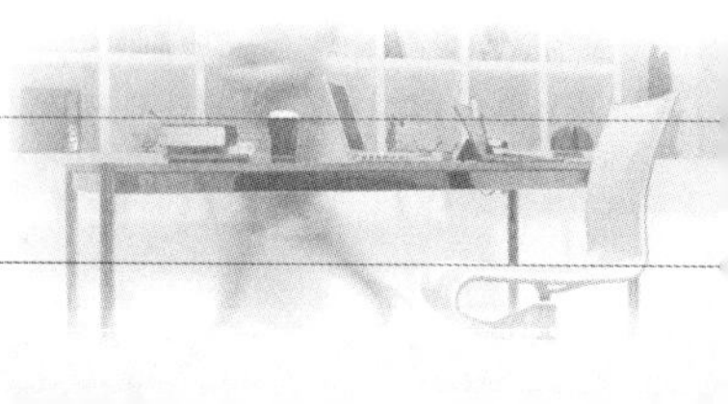

不（布）怕一萬，只（紙）怕萬一。

升級版

1、一隻麻雀在你的窗前喳喳叫個不停，怎樣才能讓牠安靜下來？

【參考答案】

鴉（壓）雀無聲。

2、寶寶有一堆糖，媽媽又給寶寶一堆糖，問寶寶一共有多少糖？

【參考答案】

有一大堆糖。

9 公務員：使出「打狗棒」法的最高招數

國家招募公務員給廣大求職者提供了一條前途光明的出路，面對現在嚴峻的就業形勢，報考公務員是難得的機會。公務員考試是一種能力考試，對記憶力的要求很低，面試題大多是臨場發揮，考核重點是分析問題、解決問題的能力和邏輯思維能力。

第一招：奉獻精神

【問題】

以「兒童、生命、浪漫、參加」為題寫一篇短文。

【分析與解答】

短文要生動感人，能表達出自己的思想和鮮明的觀點，有一定的思想內涵，能夠引起讀者的思考。

升級版

有人說：「中國科學院士的貢獻主要在獲得院士稱號之前，而成為院士後往往停滯不前。」請談

談你的看法。

【參考答案】

院士是中國對知識份子的最高榮譽稱號，而且是終身的。那些獲得此榮譽的科學工作者，本著對科學的熱愛和對國家的忠誠，仍然會孜孜不倦地工作。他們在獲得稱號後即便沒有新的突破，但其卓越的貢獻同樣讓人尊重和敬仰。

第二招：價值取向

【問題】

一隻小鼴鼠到外面去玩，看到一個肚子圓圓、口兒很小的大罐子，裝有半罐香噴噴的豆油，鼴鼠高興極了，就鑽了進去，高興地吃了起來。可是牠忘記了罐子口很小，而且內壁很滑，當牠吃飽以後肚子鼓鼓的怎麼也爬不出去，最後被人逮住了。你從中學到了什麼？

【分析與解答】

這個故事考察了一個人的價值取向，是不是像這隻鼴鼠一樣鼠目寸光，對自己的前途和工作沒有規劃，沒有長遠目標。同時還告訴人們要有憂患意識，不能生於憂患，死於安樂。可以這樣回答：不能像小鼴鼠一樣為了眼前的利益斷送了一生，做任何事情都要有長期規劃，懂得取捨。從題目可以聯想到當今的經濟建設和環境污染，一個國家不能只為了眼前利益而不顧及子孫後代的生存和發展。

升級版

針對「找個好工作不如嫁個好郎君」這句話，談談你有何想法？

【參考答案】

這是一些女孩子的消極思想，我們每個人都要有獨立的精神，要具備一定的生存本領，不要有靠山吃山的依賴心理。雖然現在就業壓力大，但也不是沒有工作可做，不要好高騖遠，眼高手低，要踏踏實實地從基本做起，潔身自好，勇於奮鬥，進而體現自己的價值。

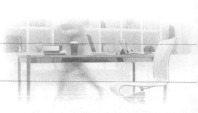

第三招：綜合素質

【問題】

如何看待「你可以是錢的主人，也可能成為錢的奴隸」這種觀點。

【分析與解答】

這是考察一個人在金錢面前的立場是否堅定的問題。應該用正確的態度來對待金錢，讓它為人服務，不能讓人為它服務。現在是經濟社會，離開錢是萬萬不能的，但是不能讓錢腐蝕了自己，進而變為它的奴隸。

升級版

1、結合柳下惠坐懷不亂的故事，談談國家公務員做人的準則。

【參考答案】

國家公務員要品行端正，作風正派，意志堅定，起到領導的作用。而且要勇於創新，打破陳規陋俗，善於助人。

2、你所在單位一直住房供應不足，為了解決這一問題單位投鉅資建了一棟樓房，有30間三房一廳、20間兩房一廳的房子，但是單位有200人申請參加分房。做為主要負責人，你如何分配這些房子？

【參考答案】

這類題目主要是考察應徵者解決問題的能力，不要被數字所迷惑，那樣往往鑽進圈套，給不出正確答案。要從分房的原則入手，制訂一個合理的分配方案交給大家討論通過。

3、你乘船去湖心小島工作，當船行駛到中途時，發現船艙進水了，隨時會有沉沒的危險，這時你用什麼辦法幫助大家脫險呢？

【參考答案】

首先檢查出漏水的原因，尋找解決的辦法，能修復的立刻修復，同時向海事局和附近船隻發出求救信號。如果漏洞太大不能補，要立刻取出所有的救生設施，讓兒童、老人、婦女先逃生，然後是男士，最後是船員。

第四招：充滿愛心

【問題】

你可以告訴我你父母的生日和他們的身體狀況嗎？（民政部門面試題）

【分析與解答】

這類問題獨具匠心，主要是考察應徵者是否具備愛心。民政部門是為大眾服務的機構，如果一個人連自己的最親近的人都不關心，怎麼能做好本職工作呢？

升級版

有一老人不慎掉入化糞池中，一年輕男士路過，救出老人，自己卻命喪池中。有的人認為不值，有的人認為要提倡這種精神，請問你有什麼看法？

【參考答案】

這件事涉及到傳統價值觀念與現代價值觀念的衝突，年輕人救助他人的高尚情操是值得敬佩的。問題的關鍵不是該不該救人，而是救人的英雄怎樣在救助他人的時候保護好自己。

10 公共事業：愛心成就一切

志願服務工作量大、條件艱苦，是最容易加入、也最容易放棄的事業，這就要求志願者必須具有強大的自律能力。在志願服務中要應對各式各樣的突發事件，所以還要有良好的應變能力、溝通能力和領導能力。

愛心測試

【問題】

在偏僻的小巷，一個殘疾人抓住你的衣服向你要錢，你會怎麼做？

【分析與解答】

此類題主要考察應徵者的反應能力和是否具備愛心。正確的做法是：先確定這個人是不是假裝的，對你有沒有危險，如果沒有危險，真的是殘疾人，就盡量幫助他。

升級版

1、如果你撿到一隻流浪貓，你會怎麼處理牠？

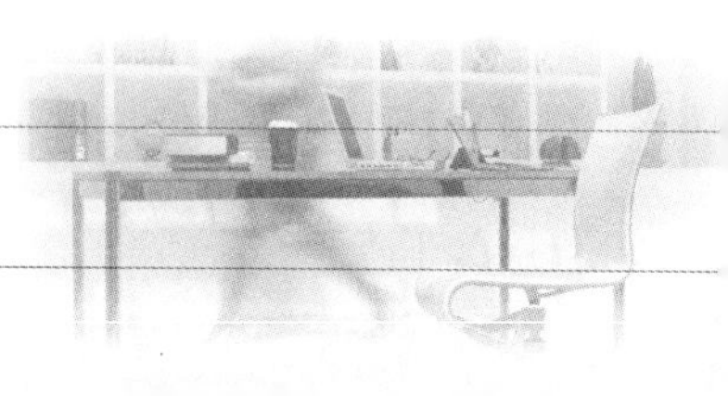

【參考答案】

送到動物收容中心。

2、在十字路口，看到一名老外正東張西望地不知該往哪裡走，你會主動去幫助他嗎？

答案：會的，我盡量幫他解決問題。

考考你的應變能力

【問題】

你和老外走在大街上，突然有一個人上來抓住你，並大聲說你是小偷。你急忙矢口否認，可是那人卻從你口袋中拿出了老外丟失的東西，這時你會怎麼做？

【分析與解答】

主要考察應徵者對突發事件的反應能力和處理問題的能力。首先要冷靜，不要一激動和那個人爭吵或打架，那樣有可能就中了別人的圈套。在這種情況下不要解釋，往往弄不清怎麼回事會越描越黑。正確的做法是：對那個人和老外說你願意去警局將事情弄個水落石出。

升級版

1、在奧運場館，運動員和場上的工作人員吵了起來，做為義工的你會怎麼做？

【參考答案】

要上前去詢問情況，然後努力勸說雙方，使衝突化解。如果無法讓他們和解，就要向主管彙報，不能讓衝突擴大，造成不好的影響。

2、一個口齒不清的人需要你的幫助，你會怎麼辦？

【參考答案】

可以給他紙筆讓他把要說的話寫下來，還可以讓他藉助一些肢體語言來表達自己所說的意思。

必備的綜合素質

【問題】

你為一位外國朋友服務時，弄丟了他一款價值不菲的照相機，可是以你現在的能力根本沒有辦法賠償他。這個外國人如果向你的上級投訴，你隨時會有丟失這份工作的危險，這時你會如何處理？

【分析與解答】

這個問題主要考察應徵者的溝通能力，透過有效的溝通解決棘手的問題。首先向這位外國朋友道歉，說明事情的經過，取得他的原諒。告訴他如果要投訴你，你將會失去這份工作。同時要向他說明這份工作對你有多麼的來之不易和你對這份工作的熱愛。請求他給你時間，來想辦法償還他。

升級版

怎樣看待「誰能把志願者領導好了，誰就是好的領導者。」這個觀點？

【參考答案】

志願者是自願參加活動，不計報酬的群體，需要依靠你的個人魅力來影響大家。你的影響力有多大，你的權利就有多大。所以參加自願服務是鍛鍊一個人領導能力最好的舞臺。

11 物流運輸：注重你的才能

隨著國際物流業的快速發展，物流人才越來越緊缺。大型的物流公司一般並不注重人才的專業技能，更注重員工正直可信的人品、團隊協作的能力和「客戶為先」的服務理念。在實際招募的過程中主要針對應徵者的分析能力、思考問題的角度以及快速學習的能力和成長潛力進行測試。

你會這樣做嗎？

【問題】

在一個風雨交加的晚上，一個物流公司收到一個十萬火急的救命包裹，包裹裡是病人急需的藥品，要立刻送到客戶手中。在員工給客戶送包裹的路上，發現由於山洪爆發，通往客戶家唯一的道路已經被淹沒，無路可走。眼看就要到包裹送達的時間了，這位員工顧不得請示公司，當機立斷租了一條快艇把包裹準時送給客戶，所有的費用都是員工自己出的。客戶被這位員工的精神感動，將他敬業的行為在當地媒體做了報導，為這家公司贏得了很好的信譽。

請問：如果你是公司經理，就員工擅作主張這件事會怎麼處理？

【分析與解答】

員工的敬業精神是值得讚揚的，他排除了一切困難出色地完成了自己的工作任務，而且為公司挽回了信譽。公司的信譽是無價的，一個員工首先想到的是公司的利益，這種精神要發揚光大。公司要給予獎勵，並報銷一切費用。由於工作性質特殊，公司可以制訂相對的制度，規定在什麼情況下員工可以為了公司利益自行處理一些緊急事情。

升級版

對於大陸泡泡網首席執行官李想的異軍突起，有些人認為純粹是運氣，你對此有何看法？

【參考答案】

本題主要考察應徵者的冒險精神。不妨這樣回答：我認為不是運氣，事實上，任何人的成功都絕非偶然，都有一定的必然性。李想在讀高中的時候就創辦了「顯卡之家」的網站，而且每天早晨三四點鐘就起床經營，七點準時到校上課。在高考和網站經營之間他做了大膽的選擇，毅然放棄了高考，專心做網站經營，正是這種冒險精神成就了身價數億的他。

你能推理出來嗎？

【問題】

哈里和瑞奇決定為老師舉辦一場生日舞會，可是他們都不知道老師的生日是幾月幾日。老師把月份告訴了哈里，把日子告訴了瑞奇，然後給了他們10組日期，讓他們自己猜猜是幾月幾日。第一組：3月4日，第二組 3月5日，第三組3月8日，第四組6月4日，第五組 6月7日，第六組9月1日，第七組 9月5日，第八組12月1日，第九組 12月2日，第十組12月8日。哈里說：「如果我不知道的話，瑞奇肯定也不知道 。」瑞奇說：「本來我也不知道，但是現在我知道了。」哈里說：「哦，那我也知道了。」你能根據以上對話推斷出老師的生日是哪一天嗎？

【分析與解答】

推理題主要考察應徵者的邏輯思維能力，在推理的過程中，思維一定要嚴謹。哈里說：「如果我不知道的話，瑞奇肯定也不知道。」根據已給的條件，哈里知道月份，瑞奇知道日子，顯然6和12是不可取的，如果月份為6或12，那麼日子就有可能是2或7。如果真是那樣瑞奇憑2或7一個數字就能得知老師的生日。所以月份只可能是3或9，而日子只能在1、4、5、8中選取。如果月份是9，那麼哈里就知道日子只能是1或者5。此時，哈里猜的日子是1，究竟對不對，哈里也不確定。如果日子不是1而是5，則就出現了哈里說的「如果我不知道的話，瑞奇肯定也不知道」。至此，實際上哈里已經知道了，結果只有兩種情況：1或5，只等瑞奇來確認。瑞奇說：「本來我也不知道，但是現在我知道了」。驗證了日子確實不是2或者7；同時，瑞奇也知道了月份不是6或12，月份只剩下3和9。若日子是5，則瑞奇應該說「本來我也不知道，現在我還是不知道」。根據第一節的推斷，日子是1，所以瑞奇才能說「本來我也不知道，但是現在我知道了」。哈里說：「那我也知道了。」哈里就等著瑞奇的一句話了，不管瑞奇怎麼回答，哈里都會知道正確答案。如果瑞奇說「我還是不知道」，那麼哈里依然可以知道，因此答案是9月5日；如果瑞奇說「我知道了」，那麼就必然是9月1日。因此推斷出老師的生日是9月1日。

升級版

1、如果學生學學生生對應的是ABAABB，那麼學學生生學學學生對應的應該是多少？

【參考答案】

對應的是AABBAAAB。

2、汽車對應公路，那麼輪船、農村分別對應什麼？

【參考答案】

輪船對應河流，農村對應城市。

你是最棒的

【情景測試】

6個人一組，給很多物品，比如：色彩鮮豔的塑膠袋、打火機、繩子、指南針、獵槍等等，要用這些東西做道具，表演在一個熱帶叢林的上空，一架飛機失事，大家要跳傘逃生的場景，並按先後順序選擇你需要的東西。（有時間限制）

【分析與解答】

這個題目主要考察應徵者的團隊協作和溝通能力。應試者給出的答案往往相差很遠，應該在團隊協商以後給出一個比較合理的答案。這類題沒有標準答案，面試官主要看你有沒有全情投入，邏輯思維能力如何，特別是團隊協作精神，大家在統一最後答案時，溝通也相當重要。一定要表達出自己鮮明的觀點和與眾不同的地方。

升級版

1、給應徵者一堆雜亂無章的報刊雜誌，在規定的時間內把這些物品分類整理出來。

【參考答案】

因為時間短，工作量大，一般應徵者都整理不完。這類題主要是考察應徵者應變能力和處理問題的能力，能夠勝出的是那些能分出輕重緩急、臨危不亂、處理事情果斷的人。

2、由於家境貧寒，你不得不在工作之餘推銷一些書籍賺取外快，你會用什麼辦法將這些書成功推銷給面試官呢？

【參考答案】

主要是考察應徵者的實際工作能力，以及怎樣進行有效的溝通。做這類遊戲要突出你所要銷售書籍的特點，激發起面試官的購買慾。

腦筋轉轉轉

【問題】

一個人去外地看病，病好後坐車回家，在回來的路上經過一條漆黑的隧道，這個人突然跳車自殺了，請問為什麼？

【分析與解答】

這個人去看的是眼病，回來坐的是火車。火車經過隧道時，車廂裡一片漆黑，他以為眼病又復發了，就痛苦地跳車自殺了。

升級版

1、一個人一邊刷牙，一邊吹口哨，你知道他怎麼做到的嗎？

【參考答案】

刷的是假牙。

2、一個人不小心掉到河裡，他拼命爬上來，可是頭髮一點都沒有溼，為什麼？

【參考答案】

他是個禿子。

12 餐飲服務業：測測你的態度是否熱情　對公司是否忠誠

眾所周知，餐飲業和旅遊業是分不開的，在一些以旅遊為主的國家中，餐飲服務業是國家主要的經濟來源。這一行業的許多職位都不太注重學歷，主要考察應徵者的敬業精神和正直、誠實的品質，還有對工作的熱情態度。

你是怎樣處理問題的

【問題】

如果你在一間飯店當大廳經理，一位顧客對服務員的服務不滿意到你這裡來投訴，你怎麼處理？

【分析與解答】

本題主要考察應徵者的溝通和處理問題的能力。要把顧客的投訴做為改善服務品質的機會，耐心傾聽他的投訴，然後誠懇道歉並用最快的速度去解決所投訴的問題。盡最大的努力贏得顧客的信任和對飯店的信心，進而挽回飯店的整體形象。

升級版

你正在幫一位顧客點菜，另外一位顧客走了過來，很有禮貌地說：「對不起！我要趕時間，你能幫我買單嗎？」在這種情況下你會如何處理？

【參考答案】

「很抱歉，您坐下稍等一下，我很快就好。」因為大家時間都很緊張，沒有吃飯的可能會更加著急，而且會有隨時離開的可能，所以要先幫顧客點好菜再去結帳。

你具備這些行業素質嗎？

【問題】

一家大型飯店正在招募大廳經理，吸引了很多應徵者。大家聚在飯店大廳裡，正在焦急的等待著面試官——飯店老闆的到來，這時走進一個人，向眾人詢問飯店一個餐廳的位置在哪裡，有的人漠然地看了看來者，說不知道；有的人讓來者自己去找；只有一個人熱心地迎上去，帶著來者一起去尋找。可想而知最後這位熱心者被錄取了。

【分析與解答】

這個題目主要考察應徵者敬業的態度。做為一個飯店的經理首先要把為顧客服務放在第一位，只有喜歡這個職業的人，才能發自內心地這樣去做。一個飯店的大廳經理代表著飯店的整體形象，做為飯店老闆，誰會錄取一個讓顧客自己尋找餐廳位置的經理呢？只有把為別人服務時時放在心上的人，才可以勝任經理的職位。

升級版

1、如果你是飯店經理，在你的店中同時出現以下情況：

①幾張沒有來得及收拾的桌子，上面杯盤狼籍，佈滿殘羹剩飯。

②這時又進來幾位顧客要你介紹店裡的特色菜並要求點菜。

③還有一個顧客在收銀臺等待買單。

你會按怎樣的先後順序去處理這些事情，並說明理由。

【參考答案】

首先向進來的顧客介紹店裡的特色菜，拿出菜單讓他們點菜，同時收拾飯桌讓客人坐下，最後去為顧客買單。

2、客人已經結完帳，正要和朋友們一起離開時，你忽然想起有一個款項沒有算進去，這時你用什麼辦法把錢收回來？

【參考答案】

客人一般都很要面子，特別是有身分的人。所以要把客人請到一邊，委婉地向客人說明原因，一定要強調是你的疏忽造成的，顧客結帳後要真誠道謝。

你微笑了嗎？

【問題】

在舉世聞名的美國希爾頓飯店走廊的牆壁上，隨處可見這樣一句話：「今天你微笑了嗎？」你認為微笑真的如此重要嗎？

【分析與解答】

微笑服務是餐飲業員工必須具備的，微笑會給顧客帶來家的溫馨和慰藉。年輕時的希爾頓就是用他父親當初留給他的五千美金，經過自己的努力奮鬥，使資產變成今天的幾百億美元，這位商界奇才成功的祕訣就是「微笑」。

升級版

如果你是一名飯店服務員，一個顧客對你大發脾氣，還夾雜著謾罵，你會怎麼做？

【參考答案】

首先要冷靜，不能和顧客謾罵、爭吵；然後檢討自己是否真的在工作中有失誤，有讓顧客不滿意的地方，等顧客消氣以後再進行解釋。不能讓自己的情緒影響了工作，要滿面笑容地去為顧客服務。如果顧客依然不依不饒，要立即向上級主管彙報，請求幫助。

你是不是特別聰明

【問題】

一天媽媽出差了，給女兒留下一個裝著錢的信封。這是給女兒的生活費，信封上寫著99，女兒以為裡面是99元，就高興地放在自己的書包裡。第一天女兒吃飯花30元，第二天又花了30元，到了第三天女兒吃完飯付款時，發現錢不夠，不光沒有剩下9元，還差了很多。女兒哭著給媽媽打電話，告訴媽媽點錯錢了，媽媽卻說是女兒弄錯了。你知道女兒錯在哪裡了嗎？

【分析與解答】

是女兒把信封顛倒了，把66看成了99。

升級版

1、小明過六周歲生日，點燃了六支生日蠟燭，這時一陣風吹來，吹滅了兩支，小明趕快去關窗戶，在他關窗戶時又被風吹滅了一支，問最後剩幾支蠟燭？

【參考答案】

還是六支蠟燭。

2、在人的一生中，是醒來的次數多，還是睡著的次數多？

【參考答案】

睡著的次數多，僅僅多一次，就是最後睡著再也醒不了了。

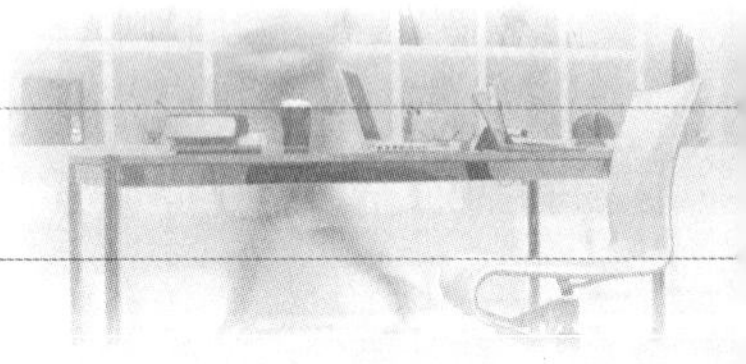

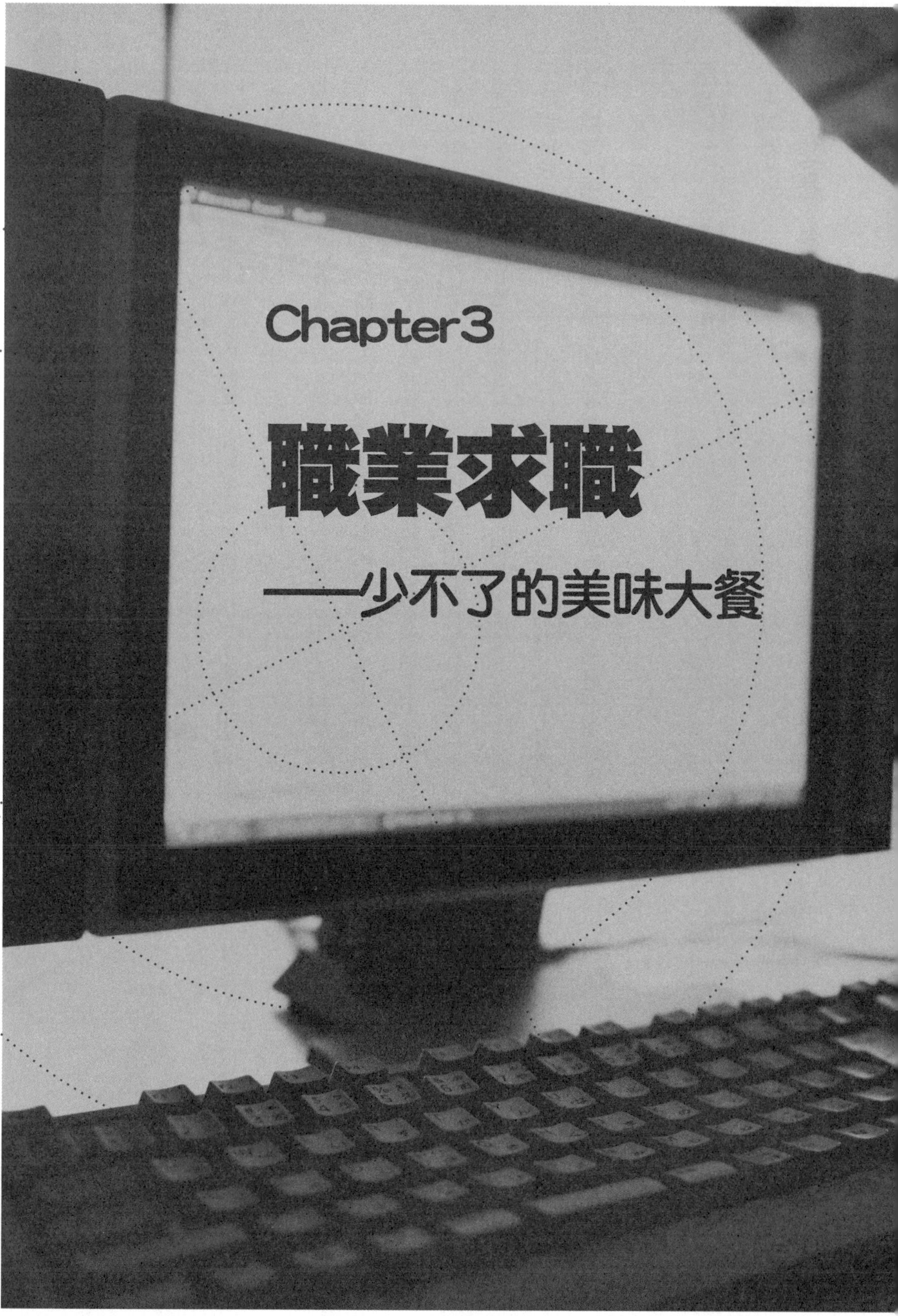

Chapter3

職業求職

——少不了的美味大餐

1 會計財務：遭遇潛規則

財會人員發揮著重要的金融管理和監督控制作用，是未來十大熱門職業之一。在經濟發達國家，會計師是高收入的智力密集型職業，有廣闊的發展前景。根據調查資料顯示，會計職位在職場排行榜中位居第二，工作環境好，待遇高，是很多求職者追求的目標。

隨著全球經濟一體化，很多國家的經濟與國際接軌，這就需要大批熟悉並掌握國際財會界遊戲規則的高端人才，這些人才既要有較高的專業技能和外語能力，還要有正直、誠實的品德和高尚的職業道德。要想成為一個合格的財會人員，要始終保持良好的學習能力，不斷汲取新的知識來提升自己。現代人才市場基礎財會人員供過於求，但是中高端財會人才奇缺，這是很好的就業機會。隨著經濟的快速發展，一些大型的國際會計師事務所招募員工除了專業技能還強調良好的溝通能力、適應能力、領導能力和自主性，要對財會或數字有極大的興趣和潛能。

你是不是特別聰明

【問題】

在金錢，榮譽和事業這三者中對你來說哪個更重要？

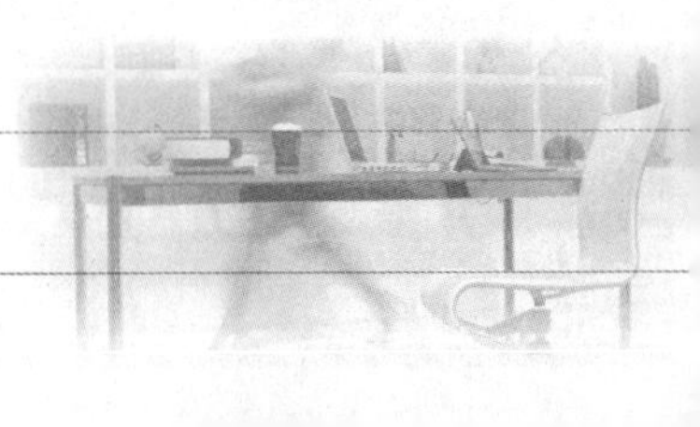

【分析與解答】

這是個陷阱問題，考察應徵者的價值取向，單一的回答效果都不好。如果你回答金錢重要，那麼就說明你這個人很庸俗，沒有遠見；如果說金錢不重要，那麼會感覺你的回答是違心的，太虛偽。要把金錢和前途結合一起回答，更讓人覺得你有理想有抱負。可以這樣回答：金錢不是萬能的，但是離了錢是萬萬不能的，我需要生存，錢是我生存的根本。但是和我的事業和前途來比，我覺得後者更重要。很多時候我們處在人生的十字路口，在金錢的誘惑和事業的抉擇中，我還是毅然選擇了事業。在事業上取得成功，創造更多的價值，同樣也會在金錢和榮譽上得到更多的回報。

升級版

1、你有一個同事下班時總是鬼鬼祟祟的，有一天你無意中發現原來他利用工作之便偷竊公司的東西，你會制止他嗎？

【參考答案】

這是考察應徵者的人品問題，考察應徵者是否正直、誠實可信，在公司的利益受到損害時會不會挺身而出。正確的做法是站出來制止。

2、你的一個同事告訴你一個關於公司利益的重大祕密，你認為公司領導人也應該知道，那樣就可以為公司挽回損失。可是你同事一再強調不能告訴任何人，這種情況下你會怎麼做？

【參考答案】

一定要告訴公司領導人，因為員工的利益和公司的利益是一致的。

你要具備的能力

【問題】

你的助理是一個靠關係來公司上班的人，平時工作散漫，經常遲到早退，因為有靠山，所以不聽管理，這時你怎麼辦？

【分析與解答】

本題考察應徵者的溝通能力。任何工作都少不了溝通，你肩負的責任越大，要求你的溝通能力和溝通技巧越高。經由應徵者的回答，面試官可以瞭解應徵者的語言表達能力和思路是否清晰，用詞是否得當，能不能引起聽眾的注意力。進而檢測應徵者的溝通技能。

升級版

人人都知道吸菸有害健康，可是菸草業又是很多國家稅收的重要組成部分，對於政府要強制禁菸，人們眾說紛紜，對這個前後矛盾的社會問題，你有什麼看法？

【參考答案】

考察應徵者的反應能力和對事物的綜合分析能力。雖然菸草業對國家財政收入有很大的貢獻，但是由於吸菸引起的疾病很多，而且每年都會發生因吸菸引起火災的事故，這些足夠讓政府採取禁菸措施。因為吸菸歷史久遠，一下子根除不掉，所以強制性戒菸效果不一定好，可以先給吸菸者劃定區域，到專門的場所去吸，這樣也不會讓別人受二手菸的危害。

神奇的魔術方塊

【問題】

你去一家公司應徵，面試官給你一個魔術方塊，要求你在一天之內完成，請問你會怎麼做？

【分析與解答】

這個題目沒有確定答案，主要考察應徵者綜合素質。如果應徵者把魔術方塊用油漆漆成六面六種顏色，說明應徵者很有創意，有創新精神；如果把魔術方塊拆開，然後重新裝好，說明應徵者遇到事情敢作敢為，有開拓精神；如果應徵者在時間到了之後把魔術方塊拿回來，並告訴面試官他沒有能力達到要求，說明應徵者誠實可信，有很好的職業道德。

升級版

在一個正三角形的操場上，有三個人分別站在三個角的頂端，每個人都向另外一個人做直線運動，目標是隨意選擇的，那麼這三個人不會撞在一起的機率是多少？

【參考答案】

這三個人都按順時針或逆時針走就不會撞在一起，只要其中一個人確定了方向，另外兩個人和他向同一方向運動就不會相撞。由於目標方向是自由選擇的，所以第二個人有二分之一的機率選擇和第一個人同一方向運動，同樣第三個人也是二分之一的機率。最後這三個人不撞在一起的機率是四分之一。

2 經營管理：老闆犯規

經營管理是人才市場最具有活力和前景的職位，隨著市場競爭的日益激烈和全球經濟一體化發展的進程加快，企業急需職業化、現代化、國際化的一流管理人才，並為其提供廣闊的發展空間和豐厚的薪資回報。經營管理人員是企業發展的重要力量之一，在企業經營生產中發揮著舉足輕重的作用，他們肩負著企業管理的重任，上對企業股東負責，下對員工負責，最大限度的為企業創造價值，進而獲得企業和社會的認可。一個優秀的企業管理人，應該具備良好的職業道德和熟練的專業技能，還要有豐富的管理經驗和超前的創新思維。

老闆的潛質

【問題】

有個人飯量很大，他吃了五個饅頭也沒有吃飽，於是開始吃第六個饅頭，當這個饅頭吃了一半時，他感覺吃飽了。於是很後悔地說：「早知道吃這個就吃飽了，就不吃前面的五個了，真是浪費！」請以這則笑話談談現代企業的管理人員。

【分析與解答】

本題考察應徵者的工作態度。這則笑話對於企業管理人員有很好的參考價值，當前有很多管理人員心態浮躁、好高騖遠，特別是基層管理人員，應該有紮實的基礎知識，其中包括理論知識和實踐經驗，這些就是前面的「五個饅頭」，沒有前面的饅頭打基礎，就沒有後面的成績。有些人經常說早知道怎麼怎麼樣，我就不怎麼怎麼樣了。但是如果你不這樣做就不會知道事情的最終結果是什麼樣子的。所以要紮紮實實的打好基礎，才能當好一個管理人員。

升級版

1、如果你是一條魚，你願意做大海裡的鯊魚，還是做大池塘的小魚？

【參考答案】

我願意做大池塘裡的小魚，因為海洋雖然廣闊，但是鯊魚是大海裡的霸主，牠已經征服了所有的海洋魚類，不會再有更大的發展。池塘雖小，但是對於一隻小魚來說，還很廣闊，有更大的發展空間和更多成功的機會。

2、你喜歡什麼體育活動？是喜歡打籃球，還是喜歡長跑？

【參考答案】

這一問題主要考察應徵者的領導能力和團隊協作能力。你不妨這樣回答：我比較喜歡打籃球，在激烈的賽場上，大家團結一致，奮力奮鬥，在競爭中取得最後的勝利。我曾經是學校籃球隊的隊長，大家為了共同的目標努力奮鬥，現在想起還讓人激動不已。

老闆的能力

【問題】

你做過那些有創造性的事情？

【分析與解答】

本題考察應徵者的創造能力和在實際工作中解決問題的方式方法。可以這樣回答：我在大學曾經為一個企業策劃一個在校的推銷方案，並且由我具體執行。比如：我們為一個同學辦生日舞會，在歡快的氣氛中向大家介紹了我們的產品，大家對產品有了深入的瞭解，最後收到很好的效果。我一直用各種不同方法從各種角度去追求成功。

升級版

1、你曾經為一件事情付出了巨大努力，最後取得優異成績，可是你的上級主管並不認可你的成績，你會怎樣處理這件事？

【參考答案】

本題主要考察應徵者的工作熱情和進取心，而且從應徵者的回答可以看出其是否會為了獲得公平而奮鬥到底。可以這樣回答：我的成績是有目共睹的，我希望上級主管能正確對待我的工作成果，否則我會向上一級主管彙報，甚至公司最高領導人。

2、都說在職場是勾心鬥角，同事之間面和心不和，你將來怎麼處理同事間的關係呢？

【參考答案】

本題主要考察應徵者對高度競爭環境的適應力和溝通方式以及自信心，還可以展示出應徵者的工作技能。可以這樣回答：首先我會想到大家之間的關係都是不同的，我會始終不帶任何成見地去對待每個人，和大家坦誠地進行有效溝通。

老闆的智商

【問題】

一個客人到你的餐廳吃飯，花了20元錢，他給了你50元付款，你當時沒有零錢，就用這50元和員工換了零錢，然後找給客人30元。誰知客人走後員工告訴你那50元是假的，你又賠給員工50元。如果這頓飯的成本是18元，你一共損失了多少元？

【分析與解答】

你損失了這頓飯的18元成本，還有找給客人的30元，一共48元。雖然賠給了員工50元，但是員工

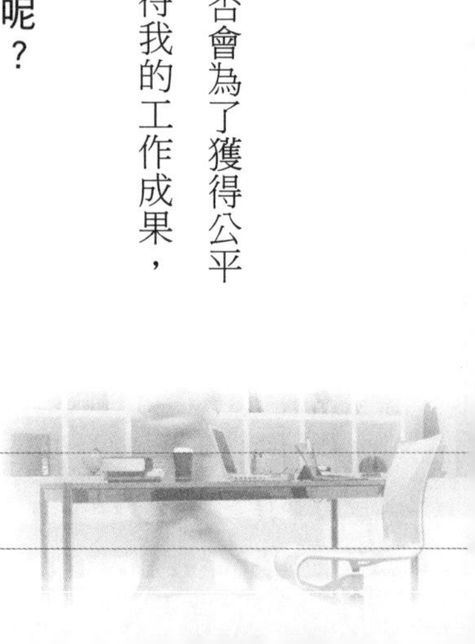

已經給你50元了，你用那50元中的30元找給顧客了。所以賠給員工的50元等於是把員工原來的錢還給了他。

升級版

1、有一對夫妻，丈夫常年在外工作，妻子耐不住寂寞找了一個情人。她的丈夫發現後和她離了婚，於是她去找她的情人，情人為了出國也拋棄了她，最後她和另外一個人結婚並隱瞞了這一切。你認為他們誰最幸福，並按順序排列下來。

【參考答案】

每個人看待問題的角度不同，所以沒有固定答案。按常理分析，第二任丈夫最幸福，因為他什麼也不知道，其次是第一任丈夫，再次是情人，最後才是她。

2、一個人承包了你公司的餐廳，並招募了一名員工。因為餐廳剛剛開業，他們之間沒有簽訂勞務契約。為了方便每天進出你的公司，餐廳老闆以你公司餐廳員工的名義為他的雇員辦了一張出入卡片，後來這個餐廳老闆由於錢的問題跑路了，欠了雇員半年的工資。這個雇員去勞動部門起訴了你的公司，你認為他這樣做對嗎？為什麼？

【參考答案】

不對，因為你的公司和餐廳老闆簽訂的是承包契約，餐廳老闆不是你公司員工。他和雇員之間是雇傭關係，沒有簽訂勞務契約，並不是勞動關係。餐廳老闆欠雇員的薪資屬於民事案件，雇員應該向法院提起訴訟，而不是勞動部門。

3 人力資源：誰動了這塊乳酪

隨著企業產品以及服務和世界接軌，對員工的管理和相關的制度也和國際標準看齊，這就要求人力資源工作者自身的綜合素質要不斷提高，必須具備規劃能力、溝通能力、學習能力和對行業發展的預見能力。這一職位收入高，工作環境優越，發展前景廣闊，在求職者眼中，是一塊令人垂涎欲滴的乳酪。

吃乳酪的勺子

【問題】

有一次主人用驢子和騾子馱著貨去市集上賣，他把貨物平均分成兩份，驢子和騾子各馱一份。驢子看到自己和騾子馱同樣的東西，就氣憤地說：「人類總是偏心，給騾子吃的食物比我多一倍，卻讓牠和我馱同樣的東西，真是不公平！」走了一會兒，主人看驢子累得走不動了，就把貨物挪到騾子背上一部分，最後驢子身上什麼貨物也沒有了。這時騾子大聲說：「你還覺得我吃的多不應該嗎？」請你談談這個寓言故事的真正涵義。

【分析與解答】

本題主要考察應徵者的工作態度。這個故事的本意是：要想判斷一個人的能力如何，一定要長期進行觀察，不要輕易下結論。在工作中，很多人經常發牢騷，認為自己和別人付出的同樣多，得到的回報卻比別人少，感到公司對他不公平。但是，真正遇到問題才知道別人解決問題的能力比自己強多了，收入高，同樣承受的壓力也大，為公司創造的價值也高。其實這個世界是公平的，你付出多少，就有多少回報，任何地方都不會埋沒人才。

升級版

1、一隻山貓在樹下磨牙，這時一隻狐狸從旁邊路過，狐狸很奇怪地問山貓：「現在沒有任何危險，你磨牙幹什麼？」山貓說：「我要時刻做好準備，等到真正的危險來了，就不會驚慌失措了。」請談談你讀後的想法？

【參考答案】

這個故事考察招募者的學習能力和對事物的預見能力，原意是告訴人們做什麼事情都要防患於未然。社會發展很快，一定要始終保持積極的學習態度，補充新的知識，提高自身的能力，這樣才會緊跟時代的步伐，不會被淘汰。在實際工作中很多人常常會抱怨自己沒有升遷的機會，可是真正有機會到來時，往往因為平時不愛學習，沒有足夠的能力和學識勝任新的職位而錯失良機。同樣的道理，做為管理者要時刻有長遠的規劃和眼光，這樣才不會事到臨頭措手不及。

2、如果你遇到打架鬥毆的事件，是選擇離開還是出面制止？

【參考答案】

這類題是考察應徵者是否具有公德心和面對緊急情況處理問題的能力，從回答可以看出應徵者是否能分出事情的輕重緩急，做事是否有條理。這種情況應該立即報警，同時也考察了應徵者是否具有法治意識。

吃乳酪的資本

【問題】

由於公司原來的總經理辭職，經董事會決定提拔技術部的經理任總經理。可是這位經理技術能力出色，但是在實際工作中表現出的綜合管理能力不強。公司原有副總經理管理能力很強，由於起用了技術部經理做總經理，所以對這位副總打擊很大，失去了工作積極性。這兩個人都是公司的核心人物，你有什麼好的解決方案嗎？

【分析與解答】

本題主要考察應徵者解決問題的能力，也就是領導和溝通能力。最佳的解決方案是重新選舉，讓這兩位經理回到各自擅長的職位，各盡所長，為公司創造更大的價值。

升級版

1、當你提出的建議和上級主管的想法相違背時，而你又認為自己的建議更有價值，那麼你會怎樣說服主管接受你的建議呢？

【參考答案】

本題主要考察應徵者處理矛盾和衝突的能力，也就是解決問題的能力。要收集更有說服力的資料，透過人際關係所產生的凝聚力，充分證明自己觀點的正確性和可行性。

2、你無意中聽到同事在背後說你壞話，你會怎麼辦？

【參考答案】

主要考察應徵者的反應能力，看應徵者回答問題的出發點在哪裡。

想吃乳酪就要主動

【問題】

你經常很晚休息嗎？

【分析與解答】

這個看似簡單的問題，實際是個陷阱，如果休息得很晚是為了工作，說明你精力充沛。如果經常玩到很晚，說明你上進心不強。

升級版

1、你怎樣打發業餘時間，上網時你喜歡做什麼？

【參考答案】

要把你業餘時間做的事情和所應徵的工作聯繫起來，讓人感覺你對所應徵的工作很感興趣。

2、你喜歡抽菸、喝酒、打麻將嗎？如果喜歡，每個月大概花掉你收入的百分之幾？

【參考答案】

這也是個陷阱題，有過多的不良嗜好會是你被拒絕的主要原因。

智力遊戲

【問題】

在兩個同樣的水果筐裡，分別裝有一百個橘子和一百個蘋果，蓋上水果筐的蓋子。讓你隨意去筐中拿出一個水果，拿到橘子的機率是多少？

【分析與解答】

因為沒有清楚說明兩種水果是混在一起的，所以拿任何水果都有二分之一的希望，所以拿到橘子的機率就是二分之一。

升級版

1、在地球的某個地方往南走二公里，然後轉身往東走二公里，再轉身往北走二公里，最後你可以回到原來的出發點。請問這個地方在哪裡？

【參考答案】

北極。

2、一個人每年只工作一天，而且還不會被炒魷魚，你知道這個人是誰嗎？

【參考答案】

聖誕老人。

4 文祕助理：不是直通車

隨著世界經濟的快速發展，企業的商務活動和人際交往日益頻繁，高級文祕助理成了老闆必不可缺的左膀右臂，所以這方面的人才成了企業急需的熱門人才。現今的文祕助理已經不是過去只懂得電腦操作、打雜型的事務人員，而是需要具備高素質、高技能、溝通能力強的綜合性人才。

高級文祕助理在工作中與公司的各個部門都有業務往來，比較熟悉公司的架構和業務，經由不斷的學習和累積經驗，而提升自身的綜合能力，所以文祕助理的事業發展前景廣闊。因為日常工作瑣碎繁雜，要求這個職位的人員要細心能幹，而且具備較強的中、英文表達能力、綜合協調能力和邏輯思維能力。

工作的需要

【問題】

有一天，有四位客人到公司考察業務，其中一位是四十多歲的男士，微胖，看樣子是個副總，還有一個專案經理三十多歲，略瘦，和他六歲的兒子，最後一位是個漂亮的女士，身材勻稱。公司給你兩千元的接待經費，讓你安排他們的晚餐，你打算怎麼辦？

【分析與解答】

本題主要考察應徵者處理問題的能力。要細心周到，既要吃飽還要吃好。首先要瞭解就餐者的飲食習慣和忌諱什麼，盡量做到面面俱到。很多外地人對本地特色感興趣，可以找一家衛生條件好的特色菜館去就餐。

升級版

1、有一家大型企業招募了一批很有潛質的應屆大學生，並花錢請人進行專業培訓。一年以後，這些大學生透過培訓和實際操作有了工作經驗，但很多人都跳槽了。公司花費了很大的心血和金錢，為什麼留不住這些人呢？請談談你的看法並幫老闆想想解決之道。

【參考答案】

本題主要考察應徵者分析問題，解決問題的能力。要分析出事情的著重點，思路要清晰，辦法要有可行性。首先要找到人才流失的主要原因，從根本上解決問題。只有找到企業自身的不足並加以完善，才可以有效地吸引並留住更多的人才。

2、某公司的銷售人員由於工作疏忽，把一個價錢昂貴的商品低價銷售給了顧客，為了給公司挽回損失，請你提出一個可行方案，在不影響公司信譽的情況下將差額收回。

【參考答案】

這個題目是考察應徵者應對突發事件的能力，在工作中難免會出現各種差錯，要求在最短的時間內拿出應急措施，所以解決問題的能力是必不可少的。

別具一格的面試

【問題】

一家公司要招募一名內勤人員，由於業務需要，必須具備是英文專業能力的。經過層層考核，選中了四個人，她們都很優秀，能力不相上下，這讓面試官很為難，最後面試官給應徵者一個題目，寫一篇一千字的作文。透過作文不僅可以考察應徵者的語言組織和表達能力，而且面試官要根據筆跡做最後的判斷。第一個人的卷面潦草，字體歪斜，沒有稜角，讓人覺得寫字的人鬆懶，沒有進取心，得過且過。第二個人的卷面整潔工整，字體很大，稜角分明，有很多字寫得出了格，給人以不可一世的霸氣。第三個人的卷面整潔，但是字體很小，很多字還連在一起，沒有骨架，給人弱不禁風、討好別人的感覺。第四個人卷面整潔，字體娟秀，筆劃清晰，大小勻稱，有稜有角，而且不咄咄逼人，讓人耳目一新。透過比較分析面試官錄取了第四個人，你能說出面試官錄取她的理由嗎？

【分析與解答】

本題主要考察應徵者觀察分析事物的能力。內勤人員的工作很瑣碎，除了要求英語口語好，還要有上進心，日常辦事要認真細膩。第一個人雖然硬體很好，但是從字體可以看出做事不認真，馬虎，沒有進取心，不適合做文員。第二個人條件很好，但是卷面中透出她的才氣和霸氣，是個自信

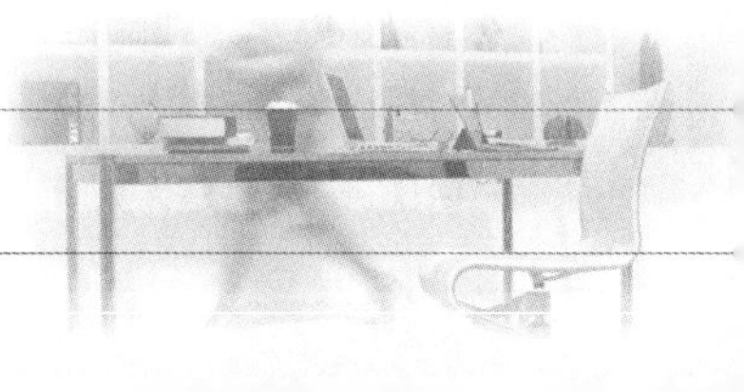

心很強的女孩，不會甘心做文員日常瑣碎的工作，而且這樣的人個性太強，和人不好相處。從字體看出第三個人是個愛撒嬌、愛獻媚、花瓶類的人物，不能吃苦，虛榮心強。第四個人做事認真仔細，雖然有自己的獨立見解，但具備一定的團隊意識，會安心做日常的細微工作。但是從字體筆劃也能看出她自信心不足，可以在工作中慢慢培養，所以最終非她莫屬。

升級版

1、如果上天給你一次重生的機會讓你變成一隻動物，你會選擇哪種呢？豬、狗、貓、羊、公雞、黃牛、馬……

【參考答案】

本題主要考察應徵者的價值觀和人生觀。每種動物都象徵著不同的價值取向，比如狗比較忠誠、豬有奉獻精神、貓很守規矩、馬有創新精神、公雞很勤勞、黃牛吃苦耐勞等等。

2、某小鎮上有一家超市、一家速食店和一家高級服裝專賣店，在每個星期中都有一天他們全部營業。給出以下條件，你能推出是哪一天嗎？

（1）在每個星期三家各營業四天。

（2）星期日三家都休息。

（3）沒有一家連續營業三天的。

（4）在連續的六天中，第一天速食店休息，第二天超市休息，第三天服裝店休息，第四天超市又休息，第五天速食店休息，第六天服裝店休息。

【參考答案】

本題主要考察應徵者逆向思維和邏輯推理能力，推理過程很重要。

假設星期日是連續六天中的第一天，根據（1）、（2）、（4）所給的條件，超市星期四、五、六三天是連續營業的，但是因為（3）的限制，這個假設不成立。

假設星期一是連續六天中的第一天，根據（2）、（4）已給的條件，這六天中每天都有休息的，所以不可能有三家在同一天營業，所以假設也不成立。

假設星期二是六天中的第一天，根據（1）、（2）、（4）所給的條件，速食店星期三、四、五連續營業，但是受（3）的限制，這個假設也不成立。

假設星期三是連續六天中的第一天，根據（1）、（2）、（4）所給的條件，服裝店在星期二、三、四連續營業，但是受（3）的限制，這個假設也不成立。

假設星期四是連續六天中的第一天，根據（1）、（2）、（4）所給的條件，服裝店在星期三、四、五連續營業，但是受（3）的限制，這個假設也不成立。

假設星期五是連續六天中的第一天，根據（1）、（2）、（4）所給的條件，超市在星期二、三、四、五連續營業，但是受（3）的限制，這個假設也不成立。

假設星期六是連續六天中的第一天，根據（1）、（2）、（4）所給的條件，速食店和服裝店都符合條件，根據（1）和（3）所給的條件，超市不能在星期三或星期六關門休息，因此超市一定是在星期四關門休息。

綜上所述，只有星期五是三家同一天開門營業。

5 企劃管理：勝過諸葛亮

在歐美國家的企業中，企劃的最高職位是CKO，是企業真正的「首腦」，主要的工作是給企業「看病把脈」。在日本企業界有句名言：一個企業沒有企劃，就不能成為企業。

在當今的世界五百大企業中，聘用的各類高級企劃人員大約是總員工的15%左右。隨著經濟的發展，競爭越來越激烈。無論是企業還是政府都需要大量的具有發展潛力，有創新精神的策劃人才。根據有關資料顯示，當今有60%左右的企業急需企劃人才，但卻招不到優秀的人才。由於優秀企劃人才少之又少，企劃人才的需求僅次於市場行銷，所以很多行業都儲備、培養自己的創新人才。隨著經濟復甦，未來十年這個職業還會急劇升溫，這對廣大求職者來說是大好時機。

你有諸葛亮的決策力嗎？

【問題】

一條鐵路從一個小村莊的不遠處經過，在旁邊有一條已經廢棄的岔道，一群孩子每天放學都會在鐵路上玩耍半天。一天，孩子們又在鐵路上玩耍，其中一個孩子建議大家到廢棄的鐵軌去玩，因為這裡一會兒有火車經過。可是孩子們沒有聽他的勸告，仍然留在原地玩耍，只有那個小孩自己到廢棄的鐵軌去了。這時火車開過來了，呼嘯著衝向孩子們。如果你恰好在鐵軌的切換器旁，可以讓火車轉向廢棄的鐵軌，這樣就可以救更多的孩子，同時也會犧牲掉那個孩子的生命。這時你會怎麼做？

【分析與解答】

這是個陷阱題，主要考察應徵者的隨機應變能力和決策力，也就是考察應徵者在選擇一個方案時的理由和動機。不要被題目表象所迷惑，很多應徵者可能會選擇救出更多的孩子，但是這也出現了新的問題，那個到廢棄鐵軌去玩的孩子選擇是正確的，讓他犧牲是不公平的，為什麼做出正確選擇的人要成為那些無知者的犧牲品呢？在這個題目中，你選擇犧牲哪一方都不是正確答案，你首要考慮的是你應該承擔什麼責任，採取什麼有效措施，既保護了火車的安全運行又保護了孩子的生命安全。

升級版

1、公司有一個新的專案，經過初步預算收益率為8％，這時銀行的存款利率也是8％，如果你是公司的負責人，是動用資金啟動這個項目還是把錢存進銀行呢？

【參考答案】

本題主要考察應徵者的決策能力和風險意識。如果這個項目風險不大，就繼續啟動項目，雖然和銀行的利率相同，但是銀行是按單利計算，而投資項目的最終收益是按複利計算的。如果項目風險較大，就不投資，存銀行生息比較保險。

2、一款新的產品上市，有兩種行銷模式：一種市場佔有率為30%，年盈利一億，另一種市場佔有率為60%，年盈利也是一億。請問你會選擇哪種模式？

【參考答案】

選擇後面一種，因為一款新產品上市不能只看現在的利潤，而是要把眼光放長遠，只有市場佔有率得到保證，將來才能創造更大的價值。

你具備諸葛亮的領導力嗎？

【問題】

你如果是部門經理，怎樣把你的團隊打造成精英團隊？

【分析與解答】

本題主要考察應徵者的領導能力和團隊精神。我們所處的時代是一個合作時代，再偉大的主管靠單打獨鬥也完成不了所有的工作。一個主管不一定工作能力最強，但一定要有個人魅力，就像一塊磁鐵，牢牢吸引住你的團隊成員，把大家凝聚在一起，發揮出最大的作用。一個精英團隊必須具備以下幾點：

①團隊成員有共同的目標，為了這個目標共同奮鬥。

②領導者要有明確的思路，「思路決定出路」。

③有暢通的溝通管道，成員之間進行資訊交流，保持良好的精神面貌去工作，才能創造更大的價值。

④公平的獎勵機制，領導者要根據團隊成員的性格和特點，採用不同的激勵方式，充分調動大家的激情和活力。

升級版

1、你在回國的途中，飛機被劫持，經過驚心動魄的數個小時以後，終於解決了問題。在你剛要走出飛機的一瞬間，發現很多新聞記者湧向飛機出口，電視臺正在現場報導這次劫機事件。如果你是一個廣告策劃者，將如何利用這個大好時機為你們公司做一個免費廣告？

【參考答案】

本題主要考察應徵者臨場發揮能力。最為可行的方法是：迅速在紙上寫一行醒目的大字：我是X公司的員工，能安全歸來，非常感謝救我們的人！你高舉著這個牌子，一出飛機就會被所有的鏡頭拍到，在第一時間公司的名字也會家喻戶曉。

2、如果你是一個行銷策劃人員，如何把衛生棉推銷給警局，請拿出你的具體方案。

【參考答案】

本題主要考察應徵者的工作能力，以及考慮問題的全面性、條理性。可以從兩方面考慮，一是女子監獄是隸屬警務系統，衛生棉是女囚的生活必須品。二是利用三八婦女節，把所有的人員不分性別包括進去，以「關愛家人」為主題辦促銷活動。

你有諸葛亮超人的智慧嗎？

【問題】

你在飛機上遇到一個外國食品經銷商，經銷一種高檔魚類，他對中國龐大的消費市場很感興趣。還有一個小時就下飛機了，他讓你在這段時間裡，給他提供一個中國人消費這種魚的最接近人數。你會怎麼做呢？

【分析與解答】

本題主要考察應徵者的邏輯思維能力和創新意識。在任何時候思維都是佔第一位的，你的知識和經驗永遠也代替不了你的思考方式。一個企劃人員一定要具備一種好的思維方式和創新精神，這樣才能在困難面前找到切入點，把握問題的關鍵。中國大概有十三億人口，城市人口佔20%，那麼大約有三億人是消費對象（由於這種魚價格昂貴，只有城市人口消費），然後估算城市中高級餐館的數量，以這些餐館的客流量，估算顧客點這種魚的機率，最後得出一個最接近的數字。

升級版

1、張潮了，海邊上停著一艘五公尺高的小船，如果海水每分鐘向上漲一公尺，請問幾分鐘把小船淹沒？

【參考答案】

不會被淹沒。

2、把一根六公尺長的繩子剪六段用十秒鐘，那麼每剪一下需要多長時間？

【參考答案】

二秒鐘。

6 採購供應：是門檻還是享用美食？

全球經濟一體化促使企業急需有國際視野的採購供應管理人才。所以這個職位的就業前景廣闊，薪資待遇高，是求職者的豐盛大餐。但是採購供應職位是一個單位的核心部門之一，很難進入，這也是求職者的一道門檻。這就要求求職者有超強的專業技能，靈活運用各種採購技巧，以及良好的道德素養和嚴謹的工作態度。

享用美食需要良好的道德素養

【問題】

供應商為了能使利益最大化，能保持和你公司長期合作，給你鉅額回扣，你會怎麼辦？

【分析與解答】

這個題目是採購人員的敏感話題，考察的是應徵者在金錢面前是不是經得起誘惑，是不是以公司的利益為重。一般供應商給回扣，就說明對方在價格上還有很大的利潤空間，可以和供應商溝通，協商降低物品價格，而且要保證物品品質，這樣才能長期合作，達到雙贏，採購者也會問心無愧。

升級版

1、供應商為了拉近和你的關係，經常請你吃喝，你怎麼處理？

【參考答案】

本題主要考察應徵者的定力和應變能力。原則上要拒絕，俗話說「拿人的手短，吃人的嘴軟」。如果確實推脫不掉，可以和你的上級一起參加。

2、假設你在路上偶然碰上一起重大交通事故，造成一人死亡，一人重傷，肇事車輛已經逃跑，周圍也沒有什麼人，你第一反應要做什麼？有很多人因為救人被當成肇事者，你這時有沒有顧慮？

【參考答案】

本題主要考察應徵者的道德標準，還有對突發事件的反應能力和法律意識。應徵者第一件要做的事是救人，打求救電話，然後向交通部門報警。

享用美食需要良好的工作能力

【問題】

人們總說天堂有多麼美好，地獄有多麼可怕，有個人不相信，就向上帝請求，想親自去看看。上帝滿足了他的願望。天堂裡有一個大房子，一群人正在圍著一個大鍋吃飯，鍋裡是香噴噴的肉湯，

每人手裡都有一個兩公尺長的勺子。他們相互用勺子盛湯給對方吃。然後上帝又帶這個人來到地獄，同樣是一座大房子，裡面也有一大鍋肉湯，但是裡面的人個個面黃肌瘦，明顯營養不良。他們很淒苦地看著香噴噴的肉湯，拿著兩公尺長的勺子，由於勺子太長，他們盛了湯怎麼也吃不到。這個人不明白為什麼會這樣，上帝笑著告訴他：「因為地獄的人只想著自己，反而什麼也吃不到。而天堂的人用勺子餵對方吃，同樣對方也會餵自己吃，所以大家都有飯吃。」從這個寓言故事你明白了什麼道理？

【分析與解答】

本題主要考察應徵者的分析能力和協作能力。這個寓言故事說明了協作的重要性。相互協作是衡量一個人團隊精神的重要標準之一，也是企業在激烈的市場競爭中立足的不二法寶。採購人員在採購的過程中，要為公司最大限度的節約成本，不但要考慮到價格問題，還有整個供應鏈各個環節的問題。這些問題都要透過雙方的協作來完成。

升級版

1、花十美分買一支筆，可以用兩天，花五美元買一支筆可以用幾個月，如果你是採購，你會買哪一種？為什麼？

【參考答案】

本題主要考察應徵者的採購技巧。一個優秀的採購者在採購的過程中不能只重視物品單一的成本，更要關注採購行為的總成本，要做到物有所值，實現真正的物美價廉。這就要求採購者有一定的談判水準和眼光，以及對物品成本的瞭解和採購策略。正確的做法是：選五美元一支的，因為這筆的價格雖然貴了點，可是它可用的時間長，相較之下總體成本還是比前一支筆低。

2、一個優秀的採購者怎麼和供應商處好關係？

【參考答案】

本題主要考察應徵者處理事情的能力，是否能分清事情的輕重緩急。供應商不是客戶，不是服務對象，沒有必要聯絡感情，有事情聯繫就可以了。

享用美食也要高智商

【問題】

一共有三十二筐水果和三十二個搬運工，其中包括老人、婦女、強壯的男人。其中男人一次可以搬兩筐，女人兩人抬一筐，老人四個人抬一筐，請問男人、女人和老人分別有多少？

【分析與解答】

分別有十二個男人，十二個女人和八個老人。

升級版

1、狼媽媽帶著小狼來到河邊，正好遇到獅子媽媽帶著小獅子，還有老虎媽媽和小老虎，他們都要過河到對岸去。這時河裡有一艘小船，但是一次只能載兩隻動物過河。但是小動物要在媽媽的看護下才不會被其他的大動物吃掉，你知道牠們該怎麼過河嗎？

【參考答案】

假設狼媽媽是Ａ，小狼是ａ；獅子媽媽是Ｂ，小獅子是ｂ；老虎媽媽是Ｃ，小老虎是ｃ。

第一次ａ、ｂ過河，ｂ留下ａ回來。第二次ａ、ｃ過河，ａ留下ｃ回來。第三次Ａ、Ｂ過河，Ａ留下，Ｂ、ｂ回來。第四次Ｂ、Ｃ過河，ａ回來。第五次ａ、ｂ過河，ａ回來。第六次ａ、ｃ過河，所有動物全部都過河了。

2、一隻小貓吃掉一條魚需要兩分鐘，一百隻小貓吃掉一百條小魚需要多長時間？

【參考答案】

也是兩分鐘。

7 市場銷售：銷售的是聰明和熱情

哪裡有產品哪裡就存在銷售，銷售職位一直是職業類型中的龍頭老大，是市場需求最旺盛的職位。

由於銷售工作需求量大，就業門檻相對較低，所以很多企業招募時不注重應徵者的專業文憑。但要想成為一個優秀的銷售人員，必須具備進取心、良好的溝通能力和技巧，以及創新精神。

超強的銷售能力

【問題】

你是一名銷售人員，有一天晚上在即將要下班時，你的一個老客戶也是你唯一的客戶，打來電話要求訂貨，數量很大，而且提出貨到付款。公司一直都是款到發貨，你沒有職權打破公司的規定，由於經理出差電話聯繫不上，這時你應怎麼處理？

【分析與解答】

本題主要考察應徵者分析問題、解決問題的能力，以及良好的溝通能力和對銷售工作深層的理解。這個問題回答發和不發都是錯誤的，如果發貨你就違反公司規定；不發貨，你就會失去這唯一的客戶，公司的利益受損，也影響你的收入。所以要從兩方面分析：一是客戶為什麼突然要貨到付款，分析其中的原因；二是制訂解決方案，可以分批小批量發貨，如果客戶資金緊張可以先交一部分訂金，也可以要求和客戶簽訂付款期限的保障性契約，這樣客戶也會認為比較公平。客戶要利益，公司要保障，而且也不損害公司的利益。

升級版

1、從事銷售工作都有一定的銷售任務，如果你的主管在很短的時間內給你定的銷售任務很大，你用什麼辦法在規定的時間內完成任務？

【參考答案】

本題主要考察應徵者的應變能力。回答問題時要抓住要點，可以說先制訂一個工作計畫，把任務細化到每一天，然後嚴格按計畫去完成，有計畫地工作才能保證任務的完成。

2、在銷售工作中，你最喜歡什麼，最討厭什麼？請說出理由。

【參考答案】

本題主要考察應徵者對工作的價值取向。銷售工作是一個和人打交道的工作，在和人的交往中，你可能遇到很多你喜歡的人或事，也會遇到很多你討厭的人和事。你可以回答和工作有關係的，比如：喜歡經由自己努力把產品銷售出去和客戶簽單後的快感，很討厭被客戶拒絕後失敗的感覺。

良好的工作態度

【問題】

如果你是挖井工人，選擇好了一個位置挖井，可是挖了半天也沒有挖出水，你是重新選擇地點挖，還是堅持到底，在原來的地方一直挖下去？

【分析與解答】

這是一道開放式試題，選擇哪種方式都沒有對與錯，主要考察應徵者的工作態度，對待工作有沒有規劃和恆心。選擇不斷更換地點會讓人覺得你容易見異思遷，沒有恆心。如果選擇一個地方堅持下去，做當代的愚公，又有迂腐之嫌。其實哪種方式都可以挖到水，只是出水量的多少和你付出的努力多少不同罷了，選對自己想要挖的井，堅持挖下去，最後得到的回報多當然高興，如果得到的回報少也不後悔，因為自己已經付出了最大的努力，從中體驗了成功的快樂。

升級版

如果我們錄用你，開始的工作可能是跟著業務員跑市場，很辛苦的，你願意做嗎？

【參考答案】

任何公司招進的新員工，都是從基礎工作開始，不可能一進公司就給你高職位工作。回答這類問題要重點說明自己願意從基礎工作做起，不怕吃苦，同時也要表現出自己有遠大理想和抱負。千萬不要簡單的一句話答應或拒絕，那樣你就拒絕掉一次可能成功就業的機會。

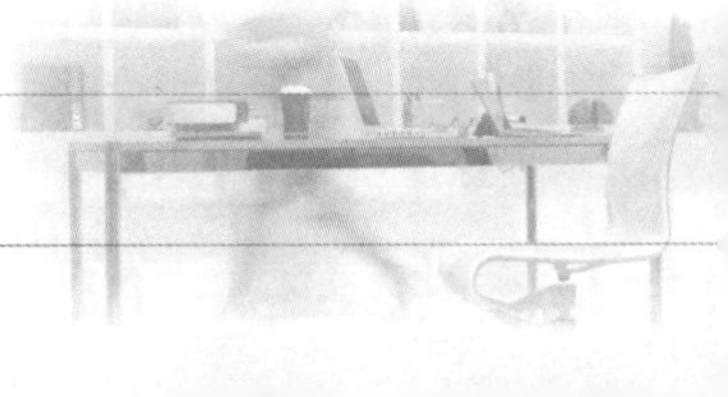

創造奇蹟的智商

【問題】

太空總署招募了四位太空人甲、乙、丙、丁。要從其中選出一位優秀人才參加太空飛行，優秀太空人必須具備三個條件：第一，要有豐富的專業知識。第二，要有熟練的技術，第三，要有堅強的意志力。其中（1）甲、乙意志力的堅強程度相同；（2）乙、丙專業知識水準差不多；（3）丙、丁並非都知識豐富；（4）四人中三人知識豐富，兩人意志堅強，一人技術熟練。（5）他們每人都具備其中一個條件。太空總署經過考察分析，最後選出只有一個人完全符合優秀太空人的條件，你知道是哪一位太空人嗎？

【分析與解答】

這是個推理題，考察應徵者的逆向思維能力，在激烈的市場競爭中，銷售人員要有很好的思維，創新能力，才能不被市場淘汰。

1、從（2）、（3）已給出的條件得出，其中有三個人知識豐富，丁被排除。2、假設甲、乙意志力堅定，根據（4）給出的條件，那麼丙、丁意志不堅定，丁已經確定知識不豐富，現在又意志力不堅強，那麼根據（5）給的條件，丁一定是技術熟練，但是這樣就於題目相矛盾，所以假設不成立，甲、乙被排除，最後只剩下丙。3、綜合上面的推斷丙是符合三個條件的優秀太空人。

升級版

1、現代企業家都靠什麼吃飯？

【參考答案】

靠嘴巴吃飯。

2、往一個籃子裡放蘋果，如果籃子裡的蘋果數目每分鐘增加一倍，那麼十二分鐘籃子就裝滿了，你能告訴我什麼時候裝了半籃子蘋果嗎？

【參考答案】

十一分鐘的時候。

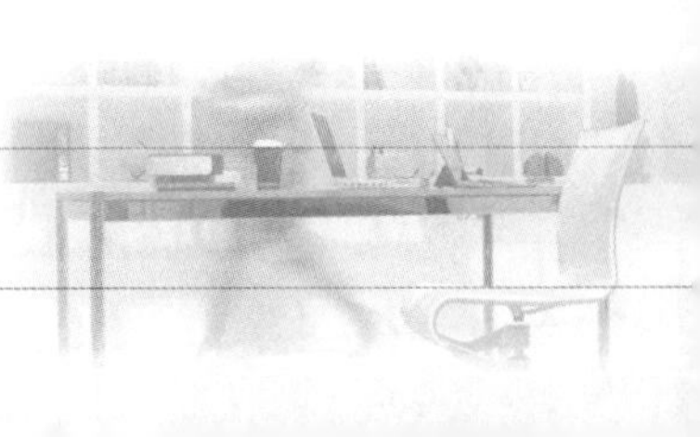

8 客戶服務：一切為了上帝

客戶服務業涉及面很廣，金融業、醫療業、製造業、諮詢業、零售業、餐飲娛樂業等都需要服務人才，就業前景廣闊。過去服務業招募門檻低，致使很多客服人員總體素質差，隨著經濟的發展，企業對客戶服務的重視，需要大批高素質、高技能的服務型人才。客戶服務人員要熱情、細心、溝通能力強、反應快，還要有很好的洞察力，能從客戶的言行舉止掌握客戶的需求，盡最大能力滿足顧客。

碰到難纏的「上帝」

【問題】

你在客服部工作，如果接到素質很低的客戶在電話中用髒話罵人，你會不會立即摔下電話？

【分析與解答】

本題主要考察應徵者的反應能力和處理日常工作的能力。在顧客對產品或服務不滿意時，客服就成了顧客的首要發洩對象，所以在服務業中員工的反應能力尤為重要。從應徵者的回答，面試官能夠得到你是否有能力從事大量接觸公眾的工作。應徵者回答時一定要掌握要點，表達出你成熟的態度，很好的溝通能力和洞察客戶需求和感受的能力。

升級版

1、一位顧客買了一件產品，由於產品明確標明一星期以後只保修不退貨，但是客戶無論如何要求退貨，你怎麼辦？

【參考答案】

本題主要考察應徵者的耐心和溝通能力，很多時候顧客的需求是和公司利益相衝突的，這就要求員工有很好的耐心和社交能力，最後既能讓客戶滿意也能維護公司的利益。

2、經常有一些難纏的客戶，在你的面前抱怨你們公司的售後服務不好，如果遇到這種情況你怎麼辦？

【參考答案】

本題主要考察應徵者的工作態度和工作能力。服務業會接觸到形形色色的人物，碰到難纏的顧客是在所難免的。面試官可以從應徵者的回答中，瞭解應徵者對客服工作的態度和解決棘手問題的能力。遇到這樣的問題，要向客戶表明企業一直把產品品質和客戶服務放在首要位置，而且會隨時接受意見，提高服務品質，盡最大努力滿足客戶的合理要求。

為「上帝」服務要有超強的工作能力

【問題】

為了佔有市場，各大公司都提高了服務水準，這給客服部帶來很大的壓力，你是如何面對壓力工作的呢？

【分析與解答】

當今社會競爭激烈，在任何職位都會遇到壓力，應徵者在問題的答案中要正視壓力，既不要被壓力嚇倒或打垮，也不要對壓力顯得過分「熱情」，千萬不要說沒有壓力就沒有成功，或沒有壓力就得不到激勵這樣的話。正確的回答是，怎樣去面對壓力和怎樣去減輕壓力，才不會影響工作而變成工作中的動力，也就是採取有效措施去處理工作中的壓力。

升級版

1、有一家小型超市在辦週年慶，有很多商品打折銷售，可是店裡一個營業員卻把一件打折商品按原價賣給了顧客，如果你是店長，會怎麼處理這件事？

【參考答案】

本題主要考察應徵者的反應能力和處理問題的能力。回答這個問題要注意兩點：一是怎樣處理員工的這種工作態度；二是怎樣挽回商家的誠信，增加顧客對商家的誠信度，進而增加潛在客戶。

2、如果你是一家銀行的客服經理，同時有多人要求你服務時，你怎麼才能服務的更好？

【參考答案】

本題主要考察應徵者處理問題的條理性和工作態度。同時面對多人，要根據客戶的需求程度安排先後順序，對正在等待的客戶說聲對不起，讓顧客覺得你很尊重他們。人多也要保證服務品質，要一個一個解決問題，達到讓每個客戶滿意。

3、你一直工作的很努力，但是一直沒有被重用，你會有什麼想法？

【參考答案】

本題主要考察應徵者的心態。被重用是主管對員工工作能力的一種肯定，但不能因為不被重用就不努力工作了。要找到不被重用的原因，如果是自身原因，那就是自己還有欠缺的地方，以後努力工作和學習，提高自己的綜合素質。時間可以證明一切，是金子總是要被發現的。

測測你的情緒智商

【問題】

一個人孤獨地住在山頂的小屋中，有一天半夜下著大雨，他忽然聽到敲門聲，打開門一看沒有人，於是他回去接著睡覺。過了一會兒又有敲門聲，他又去開門，可是還是沒有人。第二天一早，人們在山腳下發現了一個人的屍體，你知道那個人怎麼死的嗎？

【分析與解答】

山頂小屋的門是向外開的，他每次開門都把敲門人推下山去，最後敲門人被摔死了。

升級版

1、維薩一直有個願望想去環遊世界，要花多少錢？

【參考答案】

光想是不花錢的。

2、在一個動物園裡，因為管理員疏忽，忘了鎖關老虎的籠子門。一隻老虎跑了出來，而管理員卻躲到一個更安全的地方了，你猜是哪裡？

【參考答案】

關老虎的籠子中。

Chapter 4

品行「測謊器」

——該不該說實話？

1 亮出你最美麗的羽毛

在人才市場總有些能如願以償找到自己理想工作的成功者，他們讓很多應徵者羨慕。那麼他們應徵成功的祕笈是什麼呢？原來，這些人在激烈的競爭中「亮出了他們最美麗的羽毛」，向面試官充分展示了自己擁有的特長和能力。

美麗的孔雀羽毛——充滿自信

【問題】

有一個企業招募員工，當經理準備按著初選入圍名單進行筆試時，一位戴著眼鏡，文質彬彬的小伙子走上前來對他說，「您好，我對貴公司充滿了仰慕，一直嚮往能為貴公司工作，在來之前，我瞭解到了貴公司的人才需求方向。我的專業雖然不符合貴公司的要求，但能給我一個機會試試嗎？」說完，小伙子禮貌地遞上自己的履歷。經理為他真誠的態度所打動，於是，決定給他一次機會。如果你是應徵者，你會這樣做嗎？

【分析與解答】

本題主要考察應徵者是否充滿自信，只有信心十足的人才會有勇氣不放過任何機會，哪怕是只有一線希望也要試試。年輕人謙虛的語言中透著一股自信，使公司經理被年輕人的真誠、自信和勇氣所打動，破例給他一次機會。如果年輕人被錄取，他的自信心起了決定作用。

升級版

1、如果你和老闆在公司的一個重大決策上發生了衝突，你會如何解決？

【參考答案】

本題主要考察應徵者的自信心，它是應徵者面試成功的一個重要因素。一個充滿自信的應徵者，在他的言行舉止中都能表現出強烈的信心，尤其在自身具備的能力方面。充滿自信的人會把衝突當成發展的機會，會對自己的決定和行為產生的後果負責，會勇敢地去面對責任，承擔責任。

2、請講一個你曾經做過最具挑戰性的事情，並講述一下挑戰性體現在哪裡？

【參考答案】

一個有自信心的人是不怕挑戰的，越有挑戰性的事物越能激起他的戰鬥力。回答這個問題時要舉出具體事例。

3、如果若干年後，你的大學同學聚會，很多人事業成功，而你還是個打工族，日子過的很清貧，你會很自卑嗎？

【參考答案】

充滿自信的人，永遠也不會被打垮，現在的不成功不代表將來不成功。

美麗的燕子羽毛——勤勞敬業

【問題】

面試官的辦公室在一座樓房的第二十層，眼看到面試的時間了，電梯還沒有修好，面試的人都焦急地等著。這時有一位應徵者，從樓梯向二十樓走去，最後只有這個走樓梯的人被錄取了。電梯壞了，原來是這家公司故意出的題目。

【分析與解答】

這樣奇怪的考題，主要是考察應徵者吃苦耐勞的精神。現代很多職位需要員工能吃苦，熱愛本職工作，有敬業精神。

升級版

你怎麼看待一個人的敬業精神？

【參考答案】

員工和企業緊緊聯繫在一起，員工要深入理解敬業的涵義並努力做到敬業。有的應徵者認為踏踏實實做好自己的本職工作就是敬業，其實不是那麼簡單。現代敬業精神包括：你是不是每天都在盡最大努力展示你的才華？你是不是最高效率地進行工作？你是不是持續創新，始終保持創新精神？你是不是關注整體目標，並協助他人共同實現這一目標？要從這幾個方面去回答。

美麗的喜鵲羽毛——溝通能力

【問題】

你在第一輪、第二輪、第三輪面試都通過以後，在最後一次去面試的途中，發現自己由於緊張忘了換鞋，穿著拖鞋就出來了。眼看就要到面試的時間了，回去換已經來不及，你掏掏口袋發現沒有帶錢，買鞋也不可能了。這時，你發現有個人剛好買了雙適合你雙腳尺碼的新鞋從鞋店走出來。你身上只有給爸爸準備的父親節禮物——一個價值一百五十元的打火機，你想用這支打火機來換取穿一次陌生人新皮鞋的機會，可是那個人當場拒絕了。這時你如何說服他借你新鞋呢？

【分析與解答】

本題主要考察應徵者的溝通能力和人際交往能力。應徵者首先要弄明白需要解決什麼問題，難度在哪裡？要從幾個方面去溝通？理清思路，快速進入角色，在說服陌生人借給自己鞋穿的過程中，一定要堅持自己的說服目標，而且能夠用語言表達出來，所有的話題都圍繞著自己的最終目標進行。要進行換位思考，不強求陌生人一定要同意自己的觀點，先和陌生人建立良好、愉快的關係。在說服的過程中採用溝通技巧，找出解決陌生人拒絕借鞋的種種理由的方法，說的要合情合理，態度要誠懇，讓人容易接受。

升級版

在工作的過程中，如果你和同事意見不一致，該怎麼處理呢？

【參考答案】

本題主要考察應徵者的溝通協調能力。現代社會是個協調合作的年代，企業的運作靠員工的團隊協作來完成，所以員工的溝通協作能力很重要。在團隊工作中，每個人都應該坦誠地發表自己的意見和見解。如果你是團隊領導人，要學會認真聆聽別人的意見，並進行分析，對自己的意見認為正確就不要輕易放棄。如果你是團隊中的成員，要學會保留意見，但要認真執行管理者做出的決策。

美麗的大雁羽毛——團隊精神

【問題】

佛教創始人釋迦牟尼，曾經給他的弟子出了一個問題說：「一滴水怎樣才能不讓它乾涸掉？」他的弟子都沒有回答出來的，最後釋迦牟尼說：「把它放到大海裡去。」請你說說其中的涵義。

【分析與解答】

本題主要考察應徵者的團隊意識。當今社會競爭激烈，企業做強做大靠的就是員工的團隊協作精神，一個人只有融入團隊中，才能創造最大限度的價值。

升級版

在一場火災中，螞蟻抱在一起，滾成大大的一團，快速地滾著逃脫了危險。請問，你怎麼看待這一現象？

【參考答案】

本題主要考察應徵者的團隊意識。回答這類問題要抓住重點，突出團隊合作的重要性。

2 表現最自然的你

無論是應屆大學生，還是想跳槽的白領，想要找到自己心儀的工作職位，都要經過面試這一關。怎樣才能在短短的時間內展示出自己的才華，給對方留下良好的印象呢？這就要求應徵者在面試時要調整好自己的情緒，充滿自信，在眾目睽睽之下表現出最自然的狀態，要讓面試官認定你就是他要選擇的人。

誠實正直的你

【問題】

你剛到一個新單位任部門經理，工作不久你發現，你部門的老員工經常在公司的休息室裡賭博，公司有明文規定不許賭博，但是他們的這種行為據說已經好幾年了，一直沒有人管，你這時會怎麼辦？

【分析與解答】

本題主要考察應徵者在碰到不良行為時，是否堅持原則，出面制止。現代企業招募員工把誠實守信做為招募的首要標準，企業需要的是忠於客戶，忠於公司利益的高素質人才。

升級版

你和女朋友在不同的公司上班，某天她向你詢問你工作上的一些事情，這會涉及到公司的一些商業祕密。如果你告訴了她，後果不堪設想，如果你不告訴她，你們可能就會產生爭執，甚至分手。請問，這種情況下你怎麼辦？

【參考答案】

本題考察應徵者對公司的忠誠度，當公司的利益和自己的利益相衝突時，你會做出什麼樣的選擇。現在的大型企業招募員工之後，都會進行一系列的培訓，其中包括工作技能、客戶資料，有的還涉及到公司的核心技術。如果一個人沒有誠實正直的品質，把資料外洩或者帶走賣給其他公司，後果不堪設想，會給公司造成無法估計的損失。

愛學習的你

【問題】

在今後的工作中，如果有機會你會去參加進修嗎？

【分析與解答】

本題主要考察應徵者自主學習的能力。隨著社會的快速發展，知識更新換代很快，需要不斷學習新的知識，充實自身，提高能力，所以招募單位需要的是自主學習型的人才。

升級版

由於各種原因，你在工作中出現了一些失誤，上級主管對你提出批評，你有什麼感受？

【參考答案】

本題主要考察應徵者在工作中能否從失誤中汲取教訓。有很多人做了錯事會把責任推給別人，想盡理由為自己開脫，像這樣一味責怪公司和他人的人是不受用人單位歡迎的。而愛學習的人會從批評中總結教訓，學到很多寶貴的經驗。

愛創新的你

【問題】

一群人到空曠的山谷中採金子，當地氣候乾燥，水源奇缺，大家忍受著乾渴的煎熬，有的人甚至提出：誰能提供一壺水，就給他一枚金幣。約翰也加入到這支採金大軍中，深感缺水的痛苦。他來到這裡很長時間了，付出了艱辛的勞動卻一無所獲。如果你是約翰會怎麼做？

【分析與解答】

本題主要考察應徵者的冒險和創新意識。勇於冒險和創新的人，有較強的預見性和想像力，能夠

擺脫傳統的束縛和壓力，是很多企業招募中不可多得的人才。如果你是約翰，最聰明的做法是不採金子，而去賣水。

升級版

1、現代是資訊化社會，人們可以經由網路傳遞資訊，查找資料，進行娛樂活動，但盲人上網就會遇到很多麻煩，請你為他解決困難。

【參考答案】

本題主要考察應徵者的創新能力。先分析盲人都會遇到什麼麻煩，然後給出解決方案。盲人主要是看不到東西，打字也不方便。可以從軟體發展和文字的運用方面提出方案，例如採用語音提示和盲人專用鍵盤等等。

2、世界飲用水源日益匱乏，節約用水迫在眉睫。如果你擁有一家大型旅館，你會採取怎樣的節水措施，把用水量減少到現在的一半？

【參考答案】

本題主要考察應徵者的創新能力。可以根據旅館的實際情況，從旅館的配套設施，培養員工的節水意識等方面入手。

【問題】

如果你有三個主管，他們分派的任務你都要完成。假如他們同時派給你三件事，你會如何處理？

【分析與解答】

可以根據事情的輕重緩急排列順序，然後一件一件去完成。如果三件都同樣重要，可以先向主管說明，希望他們能做出調整，或者延長完成任務的時間。

升級版

1、公司委派你去外地處理一件緊急事情，突然接到家中父親病危的電話，要你儘快回家，你會怎麼做？

【參考答案】

本題主要考察應徵者的應變能力。一般公司都傾向有愛心的人，一個人連他最親近的人都不顧，他能對公司忠心嗎？提示：可以先請示公司然後做決定。

2、沃特去看魔術表演，在購票時發現旁邊寫著：對號入座的票價十八美元，不對號入座的票價十四美元。沃特遞給售票員兩張十美元的紙幣，售票員問要什麼樣的票，是對號的還是不對號的。這時沃特後面的人遞過二十美元說買一張票，售票員什麼也沒有問就給了對方一張對號的票，然後找了兩元零錢。你知道這是為什麼嗎？

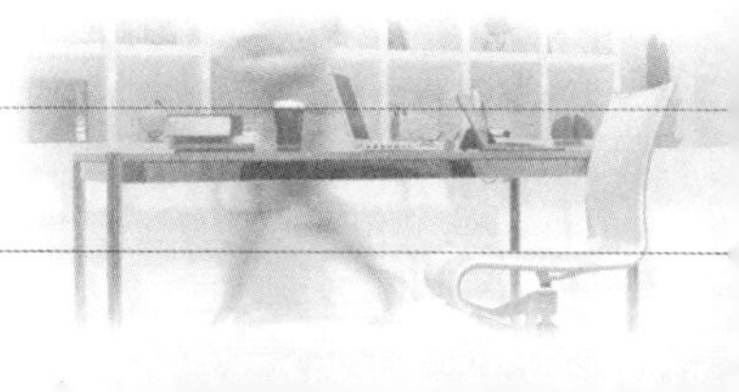

【參考答案】

因為那人給的是一張十美元的，兩張五美元的。如果他要不對號的給十五元就可以了。

3、在一個著名的旅遊風景區，纜車在上山和下山的速度一樣，每十分鐘相遇一次，請你說出一個小時有幾輛纜車登上山頂？

【參考答案】

有三輛。

3 應徵職位你「花心」嗎？

就業難是人人皆知的事實，很多應徵者求職的心情迫切，見到招募單位就蜂擁而上，甚至應徵時都不知道自己投的是什麼工作職位，後果可想而知。所以廣大求職者不要在應徵時太「花心」，要結合自身的情況，選擇適合自己的工作職位去應徵。

對自己的選擇堅定信念

【問題】

如果我們公司錄用你，你會在公司工作待多長時間？

【分析與解答】

本題主要考察應徵者的工作態度。公司對新員工會耗費人力物力進行培訓，而且希望提供的工作環境和氛圍，能使員工在工作中最大程度發揮個人的才華，當然希望員工能長久為公司創造價值。

升級版

1、如果你成為我們公司的一名員工，將如何看待你本人在公司的地位？

【參考答案】

本題主要考察應徵者對待職位的態度。公司希望每個員工都能把自己當成是企業的主人，這樣才能在工作中任勞任怨，以公司的利益為重。這山看著那山高的人，是不會用心去工作的，也不會與公司共命運。

2、如果現在我們公司要錄取你，同時還有另外一家公司也要錄取你，你會選擇哪家公司？

【參考答案】

本題主要考察應徵者的反應能力和對工作的信念。在沒有確定最後的工作之前，回答一定要肯定。你可以這樣回答：如果真的有兩家公司同時看上我，貴公司一定是我的首選。

對自己的選擇充滿信心

【問題】

你沒有工作經驗，專業也不符合，好像不適合做我們要招募的工作職位？

【分析與解答】

本題主要考察的是，應徵者對所聘職位有多大興趣和應徵者的自信心如何。回答這類問題千萬不要反問，假如你問對方：我為什麼不適合？那麼你的面試成功率就會大打折扣。建議這樣回答：雖然我沒有工作經驗，專業也不符合。但是我對貴公司很敬仰和尊重，我認真瞭解了貴公司的業務，我有這方面的特長。我想經過培訓能夠勝任貴公司的工作，請給我一次證明自己的機會。

升級版

1、有一個年輕人路過一家世界著名的軟體公司，就貿然進去應徵，公司老闆出於好奇給了年輕人一次機會，可是他表現得很糟糕，老闆讓他準備好再來。年輕人過了一段時間又來應徵，但還是沒有通過，老闆讓他繼續嘗試。就這樣，年輕人往返了五次，最後被聘用，成為這家公司的重點培養對象。請問，你從故事中得到了什麼啟示？

【參考答案】

一個人只要具備勇敢的氣魄、頑強的毅力和堅定的信心，就沒有做不成功的事情。

2、你到我們公司來應徵，同時你還在和別的公司洽談嗎？

【參考答案】

這是個陷阱題，考察應徵者的自信心和反應能力。回答這類問題一定要肯定，如果你的回答是否定的，那麼說明你沒有信心，同時你的求職計畫出了嚴重問題，你應徵的成功率就會減少很多。

對自己的選擇兢兢業業

【問題】

如果你是鐵達尼號的一名船員，在事故發生時，你會怎麼做？

【分析與解答】

本題主要考察應徵者的敬業精神。企業需要的是能和公司共命運的人，只有在公司困難時和公司共困苦的人才，才是企業急需的。西方曾經流行一句話：「我熱愛我的事業，它是我生命重要的一部分。」這句話充分體現出一個人的敬業精神。

升級版

1、俗話說，「做一行，愛一行。」談談你對這句話的理解。

【參考答案】

這句話說的就是敬業精神，就是說一個人要熱愛自己的工作職位，兢兢業業。不管這個行業你喜不喜歡，既然選擇了就要踏踏實實地做好，發揮自己最大的能力，這是一個人的職業道德和敬業精神的體現。

2、你能結合實際工作談談「一個和尚挑水喝，兩個和尚抬水喝，三個和尚沒水喝」的現象嗎？

【參考答案】

這是一個寓言故事，它的寓意是：本來人多能夠創造更多的價值，但是由於他們沒有敬業精神，都不想出力，把事情推諉給別人，依賴別人，結果沒有水喝了。可以從制度改革，責任到人，培養他們的敬業精神等談起。

4 習慣成就事業

曾經有人做了個有趣的實驗，把一隻跳蚤放在一個大玻璃器皿裡，跳蚤一下子就跳了出來。那人用蓋子把器皿蓋上，跳蚤一跳撞到了蓋子，撞得頭很疼，反覆幾次以後，跳蚤就跳不了那麼高了。然後把蓋子拿開，跳蚤也跳不出來了。跳蚤難道真的跳不出來了嗎？答案顯然是否定的。是因為牠反覆跳過以後，已經形成了習慣，覺得跳高了也出不去，就不再去嘗試了。這個故事證明了習慣是多麼重要。

成功來自一種習慣，失敗也是來自一種習慣。有人說：「人心就是一塊神奇的土地，播下思想的種子，就會獲得行為的收穫，播下習慣的種子，就會獲得品德的收穫，播下品德的種子，就會獲得命運的收穫。」一個好的習慣，你會受用一生，如果你想渴望事業的成功，就應該從現在開始，養成一個良好的個人習慣。

愛學習的習慣——學習能力

【問題】

兩個饑餓的人，在海邊遇到一個漁夫，其中一人向漁夫要了一簍鮮魚，另一個人向漁夫要了魚竿。最後要魚的人吃完魚後還是餓死了，要魚竿的人由於不會釣魚也被餓死了，如果是你會怎麼做？

【分析與解答】

本題主要考察應徵者的學習能力。第一個人目光短淺，以為有魚就餓不死了，第二個人以為自己很聰明，有了魚竿就有吃不完的魚，可是他光有釣魚的工具，沒有釣魚的技術也是會餓死的。現代社會更新換代迅速，更要不斷去學習新的知識，充實自己，才不會被社會淘汰。

升級版

你如何看待「書到用時方恨少」這句話？

【參考答案】

人平時要養成學習的習慣，做到未雨綢繆，等到有用的時候才不會手忙腳亂。平時不學習而臨時抱佛腳的想法，是自欺欺人。

愛創新的習慣——創新能力

【問題】

在深海裡龍蝦和寄居蟹相遇，龍蝦正在褪自己堅硬的外殼，露出嬌嫩的身軀。寄居蟹緊張地大叫：「老兄，你這樣出去很危險，會被敵人一口吃掉。」龍蝦神態自若地說：「我褪掉外殼，是為了長出更堅韌的外殼，為將來更好的發展做準備。」寄居蟹黯然垂下頭，自己整天躲在別人的殼裡，尋找別人的庇護，難怪永遠都受限制沒有發展。請問，你從這個故事中得到了什麼啟發？

【分析與解答】

本題主要考察應徵者的創新意識和冒險精神。一個人要勇於冒險和創新，如果整天被舊有的思想和傳統觀念所束縛，自己的才華永遠也得不到施展。

升級版

有一頭驢子掉到枯井裡，他的主人怎麼也無法救牠上來，於是找人要把牠埋掉。當人們把泥土一鏟鏟蓋在了驢的背上時，驢子努力抖動身體，把泥土抖掉，然後站在泥土上。當人們即將把枯井填滿時，驢子安然地上升到井口，在人們驚訝的目光中，飛快地跑走了。從這個故事中你學到了什麼？

【參考答案】

在人的一生中，難免要遇到各式各樣的困境，當我們被困難包圍時，要打破舊有的觀念，突破創

新，把困難踩在腳下，衝出困境，獲得新生。

愛動腦的習慣——聰明機智

【問題】

如果你來到一個荒無人煙的小島，在這裡遇到一個神仙，除了離開小島，他可以滿足你三個願望，你第一個願望會是什麼？

【分析與解答】

本題主要考察應徵者的想像力和解決問題的能力。不妨這樣回答：先學會生存的本領，解決基本的生存問題。

升級版

1、在一個房間裡有三盞燈，門外有三個開關，每個開關控制一盞燈，如果你只能進房間一次。（關上門）你如何知道哪個開關控制哪盞燈呢？

【參考答案】

本題有兩種解法。第一種解法，可以先將一個開關打開，五分鐘後關上，再打開另外一個開關，進屋後，熄滅的燈哪個熱哪個就是第一個打開的。第二種解法，你不能進去，別人可以進去，讓別人看到後告訴你就可以了。

2、你知道放大鏡不能放大什麼嗎？

【參考答案】

不能放大角度。

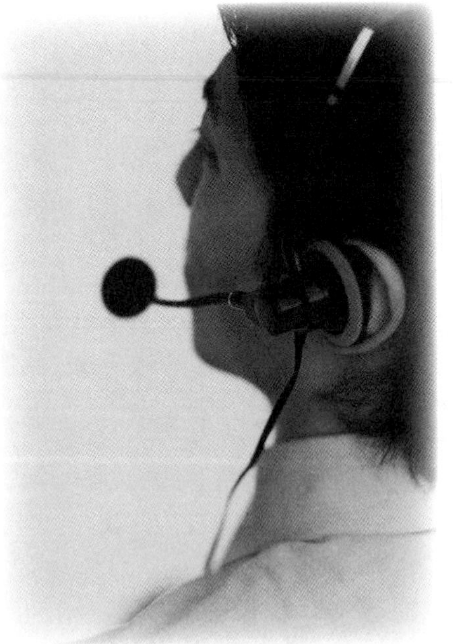

5 誠實勝於雄辯

誠實是衡量一個人是否具有良好職業道德的前提和基礎。講究經濟效益的現代用人單位，給每個求職者提供了平等的就業機會，文憑、資歷已經不能說明你就是用人單位急需的人才，他們更注重的是員工的人品和個人能力。許多求職者單純追求專業技能的提高，忽略了人品的培養，這成為了求職途中的最大障礙。在應徵的過程中，誠信是最好的面試技巧。

誠實正直

【問題】

面試官說：「你曾經救過我太太，我們一家都很感激你，我會優先考慮聘用你的。」

【分析與解答】

這是個陷阱題，如果你根本就沒有救過人，想順水推舟，僥倖過關，你就大錯特錯了。面試官是想透過這樣一個陷阱考察你的人品，看你是不是個誠實的人。一個人的優秀品質是最吸引人的，而誠實是應徵者被錄取必備的品質，用人單位是不會讓一個撒謊的人進入公司的。正確的回答是：對不起，你認錯人了，我沒有救過你太太。這樣的回答不僅會讓你進入下一輪面試，有可能你會被破例錄取。

升級版

1、有人去參加招募考試，在做試題的過程中發現，有一個考題明明標了要改正二十個錯別字，可是做完題怎麼找都是十五個錯別字。這個人很沮喪，認為自己考不出好成績，可是最後卻被錄取了。原來試卷就十五個錯別字，很多人自作聰明，反而把對的也改錯了，進而與機會擦肩而過。如果你是參加考試的人，會怎麼做？

【參考答案】

本題主要考察應徵者實事求是的態度。這個事例說明了實事求是的重要性。

2、你的下屬員工是技術部門的重要成員，一次出差回來，也許是一時糊塗，把八十元的車票做了手腳，改成了一百八十元。到單位報銷時，結果被財務發現，通報了公司。雖然他承認了錯誤，同時非常真誠地希望公司能給他一次改過自新的機會，但最後還是被公司開除了。你是怎麼看待這個問題的？

【參考答案】

這件事雖然涉及的金額不大，但卻反映出了一個人的品質問題。公司也許會因為失去這樣一個技術要員受到很大的損失，但也無法容忍一個不誠實的員工。在市場經濟中，誠信顯得尤為重要，沒有什麼比撒謊、作假更可怕了，企業絕對不會讓這種現象存在，否則後患無窮。

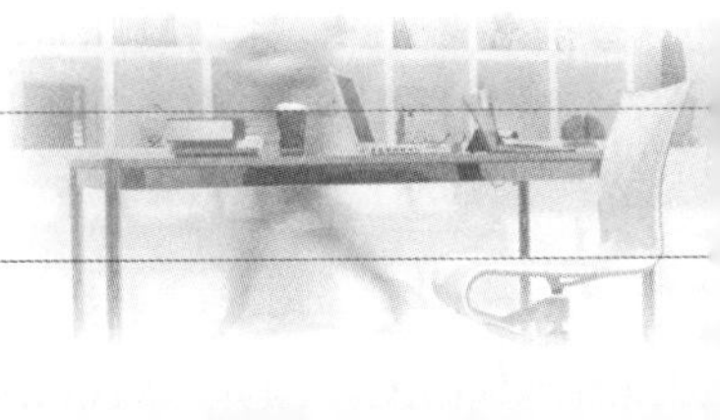

誠實負責

【問題】

你要怎麼做才能在這個職位上取得很好的成就？

【分析與解答】

本題主要考察應徵者的信心和對工作的責任感。這是個開放性的問題，從應徵者的回答，可以看出其對工作的態度是否熱情和是否有強烈的責任心。可以從應徵者的專業技能、對工作的熱情和對工作的自信心等方面進行闡述。

升級版

1、你有一個非常要好的同學要出國，你計畫好晚上去機場送他，可是部門臨時有事非你辦不可，你這時怎麼做？

【參考答案】

本題主要考察應徵者的責任心，沒有具體答案。在朋友情誼和工作中二選一，工作應該是最重要的，但是朋友情誼也不可忽視，可以依具體情況具體判斷。

2、你是部門經理，有一個員工仰仗是老闆的親戚，平時工作散漫，目中無人，不服從管理，對大家的影響很大，你怎麼辦？

【參考答案】

本題主要考察應徵者的領導責任心。一個部門就是一個團隊，一個人的工作態度會影響整個團隊的工作成績，做為主管要對團隊負責，要對公司負責，不能讓任何對公司利益有害的現象存在。要不怕強權，即時向上級主管反應問題，去除害群之馬。

誠實自信

【問題】

你放棄了原來不錯的工作來尋找一個新的職務，你心裡是什麼感覺？

【分析與解答】

本題主要考察應徵者的自信心。在回答這個問題時，要稍稍提到你的冒險意識，你可以為了尋找到更適合自己的工作，而冒一點風險。要展示給面試官一個積極自信的你，但不要誇誇其談，也不要對原來的工作有什麼怨言和貶低。

升級版

1、你能為我做幾個拿手的小菜嗎？

【參考答案】

這是面試官即興發揮的題目，這樣的題目一定要實事求是，會做就不要謙虛。雖然謙虛是一種美德，但在現今外資企業招募中是不提倡的，你的謙虛會被看成是不自信。所以無論做的好壞，都要誠實的回答。

2、在工作中，由於疏忽犯下了一個很容易犯的錯誤，你是怎樣對待這一錯誤的？

【參考答案】

本題主要考察應徵者的工作態度和工作中的信心。俗話說，人無完人，孰能無過，關鍵是對待錯誤的態度和改正錯誤的信心。從錯誤中汲取教訓，總結經驗，吃一塹，長一智，在哪裡跌倒，就要從哪裡爬起來，以後不再犯同樣的錯誤。

6 不要太過「作秀」

在殘酷的求職競爭中，想一些奇招為自己贏得一份職業並無可厚非。試想，在求職的關鍵時刻，兩個資歷和能力不相上下的人，當然誰能給掌握生殺大權的面試官留下深刻印象，誰就會獲勝。一個人應徵就是表演，演得好壞會決定職場命運。適當的「作秀」可能會讓你在職場廝殺中博得頭彩，但是「作秀」要有度，每個人都有表現的慾望，但是那種為了展示自己故意壓倒別人的「作秀」，是不可取的，應該盡量展示最自然的你。

正確處理人際關係

【問題】

你在日常工作中怎麼處理與上司或同事之間的分歧？

【分析與解答】

本題主要考察應徵者的交際能力和溝通能力。經由應徵者回答，可以看出應徵者是否以大局為重來處理協調好各方關係。由於每個人對事物的觀點、看法不同，分歧是難免的，關鍵是處理問題的角度，是不是能冷靜地去分析、聽取別人的意見，和大家積極溝通，同時反思自己觀點的正確性。

要以工作為重點，以公司利益為重心，不能讓分歧影響團隊的工作效率。要努力維護團隊的團結，始終使團隊充滿凝聚力、戰鬥力。

升級版

1、如果你的上級主管派一個和你平時關係很差的人一起出差，共同完成一個任務，你會怎麼辦？

【參考答案】

本題主要考察應徵者處理人際關係的能力。首先打破原來的觀念，重新看待問題，以誠相見，不帶任何個人的情緒看待對方。大家開誠佈公地相處，也許會發現很多相互間的優點。對別人的缺點要包容，俗話說「宰相肚裡能撐船」，心胸狹隘的人成不了大事。

2、什麼樣的主管才是你心目中的好主管？

【參考答案】

這是個開放性的問題，沒有確定答案。考察應徵者思考問題的全面性和針對性，以及是否有新的見解和思路等等。回答這類問題，可以從主管的人格魅力、才能、親和力等諸多優秀的品質去回答。

正確對待自信心

【問題】

如果今天的面試官中有一位曾經是你昔日的老師，而且他對你的印象一直很不好，會不會影響你今天的面試？

【分析與解答】

本題主要考察應徵者的自信心和應變能力。這類問題從三個方面回答最好：一是對自己充滿信心，用自己出色的表現扭轉老師昔日對自己不好的印象；二是對老師充滿信心，做為一個昔日的教育工作者，今日的考官，肩負著為企業選才的重任，一定不會以過去的眼光看待問題，會實事求是，嚴格按照面試的程序和標準來評定分數；三是對面試的過程和制度充滿信心，面試有很多考官，不會因為一個人的主管因素破壞整個面試成績。

升級版

1、在這個職位中你期望得到什麼？

【參考答案】

本題主要考察應徵者的信心。不妨這樣回答：我在這個職位中得到了一個好的機會，使我能運用自己的知識和能力為公司的發展做貢獻，同時也為自己的發展創造了更好的機會。最好不要以你的收入為回答的內容。雖然工作的目的在一定程度上是為了錢，但是過分強調收入一般不會有好的結果。

2、你能否在壓力下努力工作？

【參考答案】

本題主要考察應徵者的自信心和抗壓能力。回答這類問題當然是肯定的，舉一個實際的例子更有說服力。但所舉的例子要簡短、具體，不要誇大其詞，這樣才能表明你的自信和真誠。

正確對待過去和未來

【問題】

你現在離開原來工作的職位，你原來的老闆會有什麼反應？

【分析與解答】

面試官想透過應徵者的回答，考察其在以前主管心目中的位置，進而考察應徵者為人處世的能力。回答這類問題要謹慎，不要從一些消極的方面去考慮，更不要說以前公司和主管的壞話。

升級版

如果我們錄用你，你想五年以後升到什麼職位？

【參考答案】

本題主要考察應徵者的工作態度和對未來的打算。這是個開放性的問題，回答這類問題要顯示出你對工作的熱情，讓人覺得你有上進心，同時還要表現出你很明白將來職位的提升要受諸多條件限制，不會急功近利。同時，你還要暗示面試官你會安於這家公司，要踏踏實實工作，努力爭取更多的發展機會。

7 勤勞肯幹人人愛

現代人才市場競爭激烈，用人單位會根據工作職位的不同制訂不同的要求。很多用人單位不再緊盯著成績和學歷，而是更加注重應徵者的能力和對待工作的態度。他們把能吃苦耐勞、肯創業，放在招募條件的首位，特別是招募一線員工和招募從事銷售工作的人員，吃苦耐勞的精神顯得更加重要。

吃苦耐勞

【問題】

雖然你很有能力，也適合主管職務，但是被錄取以後，一開始可能會讓你做一些端茶、倒水的瑣事，你會好好做嗎？

【分析與解答】

本題主要考察應徵者是不是可以吃苦耐勞，是不是對工作充滿熱情。萬丈高樓平地起，做任何工作都要打好基礎，任何單位的主管都是從基層做起，一步一步紮紮實實工作，不斷提高自己的能力，達到做主管的條件才被提升的。所以回答這樣的問題是肯定的，告訴面試官你會做得很好，同時你也相信用人單位一定會人盡其才、物有所用的，不會浪費資源。

升級版

你接到一個設計任務，主管要求你一個月完成。可是，一天之後主管又突然要求你二十天就要完成，這對你來說有很大的難度。但是他說了，由於一些不可改變的原因必須完成，你怎麼辦？

【參考答案】

本題主要考察應徵者的抗壓能力。在工作中遇到這種事情很常見，現代企業競爭激烈，重視的是工作效率，還有競爭中的突發事件。回答這類問題要從兩方面入手：一是有難度，但是能夠完成，可以加班等等。二是時間確實緊迫，沒有辦法完成，這就需要與主管協商是否有解決問題的其他辦法，如要求加派人手協助等等。

為老闆分擔困難

【問題】

公司有一個很重要的會議，你已經為經理準備好一切會議資料。在會議臨開前的一個小時，經理突然有急事不能參加，而且也聯繫不上，身為經理助理的你該怎麼辦？

【分析與解答】

考察應徵者在工作中如何處理突發事情，如何為主管分擔問題、解決問題。這時候要做好自己上陣的一切準備，始終保持與經理的聯繫，如果在會議開始了確實聯絡不上，自己就代替經理出席會議。在會議上，要向大家解釋清楚經理沒有到的原因，以此取得大家的諒解。

升級版

一家著名的企業正在和外商洽談一個重要的合作專案，雙方已經基本達成協議，約好第二天簽約。但是當天夜裡，參加洽談的老闆心臟病發住院，外商第二天中午就要返程，機票都已經訂好，這意味著將要失去這個重要的方案。在這個緊要關頭，如果你是這位老闆的助理，會怎麼處理呢？

【參考答案】

本題主要考察應徵者處理突發事件的能力，在關鍵時刻是否能為主管排憂解難。遇到這種事情不能掉以輕心，要慎重考慮，周密計畫，而且要果斷。回答這個問題要從以下幾個方面入手：一要確保談判的成功，順利簽字；二要安排好老闆的事情；三要安排好外商的事情。

8 拘小節者得天下

道家創始人老子曾經說過：「天下大事必作於細，天下難事必作於易。」意思就是說，一切大事必須從小事做起，一切難事必須從容易做起。隨著社會經濟的快速發展，現在的市場競爭已經到了細節制勝的時代，俗話說「商場如戰場」，一個企業無論從內部管理，還是市場行銷、客戶服務，每個細節都決定了企業的發展和前途。

現在的用人單位不再單單看應徵者的學歷和專業技能，他們往往從其他的方式，考察應徵者一些細小的環節問題。一些綜合素質很好的應徵者，往往因為不注重一些小事，進而錯失良機，追悔莫及，由此可見細節的重要性。細節其實是一種習慣，是一種累積，也是一種眼光，一種智慧。從小的方面說，只有拘小節者才能獲得應徵的成功，才能在將來的事業中有所發展。從大的方面說，只有拘小節者才能得天下。

日常的工作態度

【問題】

因為一件小事，你的上司經常指責你，你是怎麼對待的？

【分析與解答】

在工作中受到主管的批評是很正常的，要正確去面對，不要產生牴觸情緒，更不能對主管心存抱怨。抱怨不僅會影響你的工作情緒，還會影響到與主管之間的關係。只有接受批評並改正錯誤，才能成為一個優秀的員工。

升級版

1、在工作中，你的上級主管經常會讓你做一些份外的工作，你會怎麼處理？

【參考答案】

一個優秀的員工，不強調份內、份外。份內的工作是必須完成的，份外的工作只要是做完本職工作時間允許，就要努力去完成。主管交給你份外的工作，是對你能力的肯定，而且主管都喜歡主動完成份外工作的員工，所以就不分份內、外，出色的完成就可以了。

2、如果我們聘用了你，你會以什麼樣的狀態投入工作？

【參考答案】

本題主要考察應徵者的工作態度。熱情是成就事業的動力和泉源，要成為一個優秀的員工，就要在工作中時刻保持飽滿的熱情，並感染他人，這樣你在職場成功的機會就越大。

日常工作中的言談

【問題】

在工作中，你是怎樣處理和同事的關係的？

【分析與解答】

多讚賞和認可他人，是處理好團隊關係的有力武器。在講究團隊精神的現代職場，處理好同事關係尤為重要，所以在工作中要多發現同事的優點。優秀的員工要表裡如一，不要背後說他人的壞話，挑起事端，要站在別人的立場，多為別人想想。

升級版

1、你怎麼理解「言多必失」這句話？

【參考答案】

在很多場合，可能一句話就會中傷別人，引起禍端。所以在任何場合，針對話題說話要有分寸，要適可而止，不要沒有節制，誇誇其談。

2、你每天都會向周圍的人說：「早上好」嗎？

【參考答案】

一句最平常的問候，會化解昔日的衝突，能忘記昨日的不愉快，能開始新的一天。你注意這些細節了嗎？就是這些微不足道的細節，成為了你工作的推進器。

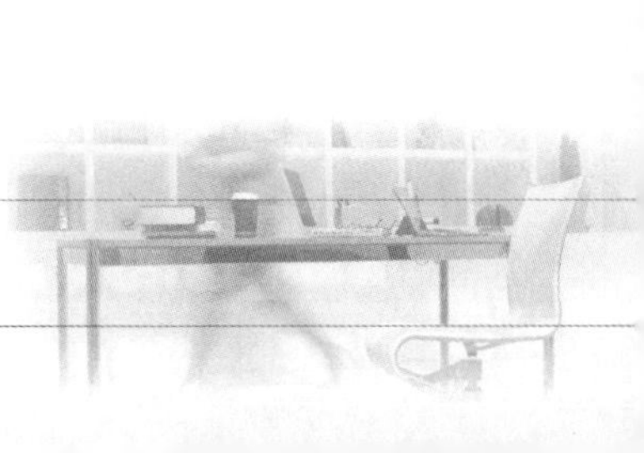

日常工作中的行為

【問題】

在向上級彙報工作和開會時，你會把手機關掉或調到震動狀態嗎？

【分析與解答】

這雖然是平常的小事，卻反應出一個人的工作素養。在平常的工作中，要養成把手機調到震動狀態的習慣，這樣既不讓手機的鈴聲影響到大家的工作，也不耽誤你的通訊暢通。在一些嚴肅的場合更要如此，這是一個職場人應該具備的最起碼的工作素養之一。

升級版

1、如果你是部門主管，會經常指使你部門的員工為你辦私事嗎？

【參考答案】

有很多主管覺得指使下屬為自己辦事是很平常的事情，但就是這微不足道的小事，可能會成為生活中的「定時炸彈」。如果貿然去相信別人，往往會做出「搬石頭砸自己的腳」的事。

2、你如何看待工作中的一些遲到現象？

【參考答案】

本題主要考察應徵者的工作態度。很多人認為遲到是小事，可是小事反映的是大問題。在時間就是金錢、時間就是效益的社會中，一個平時經常遲到的人，一定是個沒有責任心、事業心、上進心的人。一個優秀的員工不只是要做好工作中的大事，更要從平常的一點一滴的小事做起，不斷提高自身的素質，才能跟上時代的發展。

日常工作中的舉止

【問題】

在生活中，你怎樣接聽同事、客戶或上級電話的，應注意什麼？

【分析與解答】

在當今快速發展的資訊化社會裡，很多時候人們不需要面對面的溝通，在電話裡就可以處理很多事情。所以，在電話溝通中一定要面帶笑容，你的熱情會透過電話讓對方感覺到，別小看這些細節，會起很大的作用，會促成很多業務，同時還要特別注意談話的藝術。

升級版

1、在工作中有些人熱衷於散播一些是是非非，你會怎麼做？

【參考答案】

在職場上，傳播流言蜚語的大有人在，很多人覺得很正常，而且津津樂道。一個優秀的員工，要遠離流言蜚語，努力工作，不斷的提升自己，不要在那些無聊的事情上浪費精力和寶貴的時間。

2、你工作很累，公司經常有一些工作時間以外的培訓，可以不耽誤工作，你會參加嗎？

【參考答案】

本題主要考察應徵者日常學習的能力。現代社會節奏快，知識、技術更新的也快，要不斷學習新的知識，不斷提升自身的能力，才能跟上時代的步伐，才能應付突如其來的變化。

Chapter5

請來試一試

——測測你的EQ和IQ

1 幽自己一默

隨著科技的快速發展、新技術在日常中的運用，越來越多的高科技產品問世，這就需要更多的高技能、高素質的人才，使人們面臨更大的學習壓力。金融危機的到來，又加大了就業危機，使很多求職者壓力倍增。在各式各樣的壓力面前，你要學會放鬆，學會自我調節，適當幽自己一默。

尷尬情況下應付自如的你

【問題】

很冒昧，能告訴我妳內衣的顏色嗎？

【分析與解答】

這個問題關於到一個人的隱私，提問這樣的問題是很私密的，目的是讓應徵者處於一個難堪的境界中，主要考察應徵者的臨場反應能力。這種情況下不要惱羞成怒，要學會幽默，反問對方這和應徵職位有關係嗎？態度要落落大方，不卑不亢。

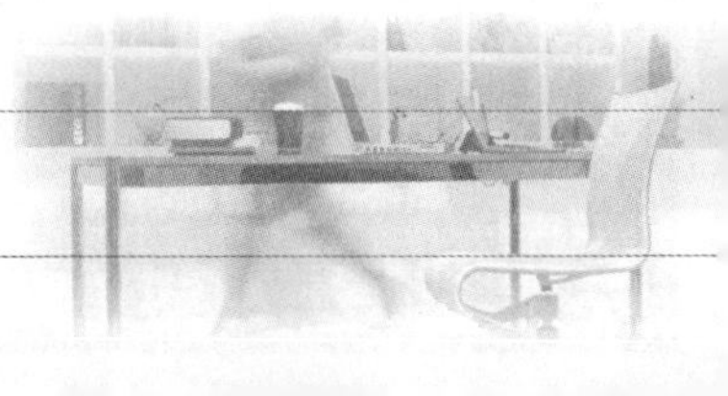

升級版

1、如果我們聘用妳，妳懷孕休產假怎麼辦？

【參考答案】

這是招募女生時常常提到的問題，這個問題讓人很尷尬，回答這樣的問題首先要表明態度，妳會妥善處理這件事。在公司需要妳的時候，妳會以大局為重，可以考慮推遲生孩子的計畫，等到和單位溝通協調好以後再考慮生孩子。

2、妳現在有男朋友嗎？妳打算什麼時候結婚？

【參考答案】

這類問題也涉及到個人隱私，但是用人單位無意要打探妳的隱私，提這樣的問題，一是考察應徵者的誠實度，二是用人單位有自己的考慮，女人結婚生子會給單位帶來很現實的問題，很多職位都不得不考慮這個問題。回答這個問題要結合妳所應徵的職位，如果只是考察誠實度，就實事求是的回答。如果不是，回答時要講究語言藝術，男大當婚，女大當嫁，可以理解，但是要以工作為重規劃好以後的生活，讓招募者放心。

緊張工作中輕鬆自如的你

【問題】

假如錄用你以後派你去國外學習，十年不能回家，你怎麼處理家人和女朋友的關係？

【分析與解答】

這是個難題，主要考察應徵者的抗壓能力。可以考慮用現代高科技的通訊設施聯繫，如電話、視訊等等。如果還沒有結婚，要多為女方想想，以免耽誤女朋友。如果女朋友不分手要好好珍惜她，在外努力學習和工作，取得好成績，成為家人和女朋友的驕傲。

升級版

1、有個人一時想不開，想要跳樓，你正好看到，會怎麼做？

【參考答案】

本題主要考察應徵者應對突發事件的能力。在現實生活中，經常會遇到很多突然的事情，也就要看一個人的心理承受能力和反應能力。遇到這樣的事情，首先要勸對方冷靜下來，把事情說清楚，看看怎麼解決問題。在穩住對方的同時，讓別人從其他地方上去攔住他，然後通知他的家人和朋友，或者報警讓員警來處理。處理這樣的問題要有技巧，要讓對方信任你，這樣他才會把事情告訴你，情緒才會穩定。

2、你負責公司的一個重要任務，當你準備向主管彙報工作時發現一份重要文件不見了，這份文件

關係著公司的重大利益。可是第二天，卻又出現在你的辦公桌抽屜裡，這時你怎麼處理這件事？

【參考答案】

本題主要考察應徵者在重大事情的處理能力。要認識到事情的嚴重性，即時向主管彙報，即時查處這件事，以防文件落入有不良企圖的人的手中，對公司造成不可彌補的損失。同時，要檢討自己工作中的疏忽，確保這樣的事情不能再有第二次。

休閒娛樂中聰明機智的你

【問題】

一輛滿載乘客的公共汽車，順著下坡快速地向前跑去，一個人在後面氣喘吁吁的追趕著，這時一個乘客伸出腦袋說：「老弟別追了，追不上了。」那個人的回答，讓乘客出了一身冷汗，你知道那個人說的是什麼？

【分析與解答】

必須追上，我是這輛車的司機。

升級版

1、有一家有四個孩子，這四個孩子的年齡相乘得十六，你知道他們的年齡分別是多少嗎？

【參考答案】

分別是一歲、一歲、兩歲、八歲，其中有一對雙胞胎。

2、一輛火車從A地到B地全程需要八小時才可到達，現在火車已經行駛了四小時，問火車現在應該在什麼地方？

【參考答案】

在鐵軌上。

2 失敗也是你的一大「賣點」

失敗固然會帶來痛苦，但是同樣也帶給我們經驗和教訓。失敗了並不意味著你很差勁，而是代表你距離成功更近了一步，失敗給了你累積經驗的機會，失敗讓你有時間小憩，讓你有理由和信心從頭開始。沒有失敗，就沒有新的開始，它既能指出你工作中的缺點，又是成功的基礎。失敗也會成為你的一大「賣點」，讓人變得更成熟和聰明。我們要胸懷坦蕩地接納挫折和失敗，學會自我寬慰，滿懷信心地去爭取新的成功。

正確面對失敗

【問題】

舉例說明過去你都遇到過什麼挫折？你是如何對待的？

【分析與解答】

本題主要考察應徵者對待挫折和失敗的態度。在人生的道路上，挫折、失敗是難免的。挫折並不可怕，從哪裡跌倒就從哪裡爬起來，可怕的是能否正確去面對。「不經過風雨，怎麼見彩虹」，挫折是對人最好的考驗，所以要正視挫折，分析造成挫折的原因，用正確的方式方法去解決。從中學到經驗，汲取教訓，調整心態，重新投入工作。

升級版

有人認為失敗對人是有益的，有人認為成功對人更有益，你是怎麼認為的？

【參考答案】

人的一生都會經歷成功和失敗，成功和失敗的經歷對人同樣重要。成功是對人努力奮鬥後的一種回報、一種肯定，是人自身價值的體現，可以成為進步的動力。失敗同樣對人是有益的，失敗乃成功之母，可以給人更多的經驗和教訓，並激發人的鬥志。要用正確的心態去看待成功和失敗，要能做到成不驕，敗不餒。

失敗後的自信

【問題】

如果這次你沒有被錄取，你有什麼打算？

【分析與解答】

本題主要考察應徵者失敗後怎樣調整心態。競爭的結果是優勝劣汰，這是很正常的。失敗了並不

能說明你不行了，只是說你距離成功還有欠缺，還有一段距離。從這次應徵的失敗，樹立堅定的信心，總結經驗，找到自己的不足，繼續努力，進一步提高自身的素質，爭取下一次的成功。

升級版

你向上級主管提交了一個業務的可行方案，這個主管不但不採納，還用一些難聽話諷刺你，你會怎麼辦？

【參考答案】

本題主要考察應徵者在失敗面前的承受能力和自信心。在工作中遭遇挫折和失敗是必然的，任何人都不可能一帆風順，要正確面對挫折，仔細分析問題，是不是自己的工作能力不行，提出的方案不可行。如果方案沒有問題，那就是自己的工作方式有問題，主管對自己有成見，反省自己是不是和主管的溝通有問題。不要因為受到拒絕和諷刺影響自己的工作，要努力克服自身的不足之處，爭取早日成為一個優秀的人才。

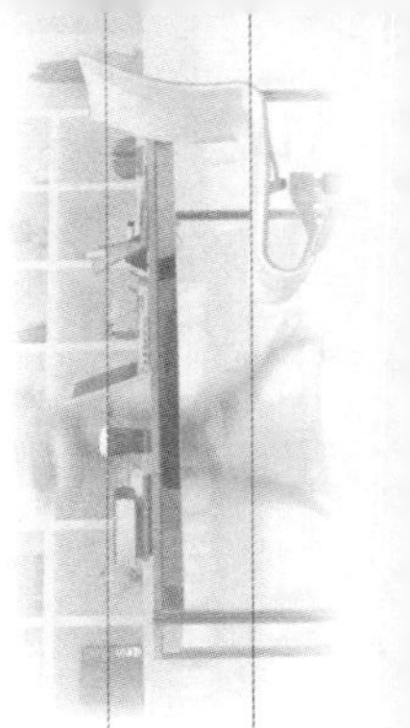

失敗後的成績

【問題】

你過去的工作成績一直不好，現在主管重視你，要栽培你，你會怎麼辦？

【分析與解答】

本題主要考察應徵者失敗後的工作能力。承受過失敗以後被重用，當然是發自內心的感激，能夠被重用是主管對其工作的肯定和信任。一個人要有自知之明，不能辜負主管的期望和栽培。要總結過去工作中的不足，努力提高自己，把這件事當成對自己的激勵，不負眾望成為同事的典範。

升級版

1、你在工作中出現了一些失誤，上級主管怕影響年底的團隊評選，沒有上報你的失誤，這種情況下你該怎麼辦？

【參考答案】

本題主要考察應徵者對待工作的態度。出現失誤，要勇於承擔責任，要即時採取措施挽回損失。為了整個團隊的利益可以服從主管的安排，但還是要檢討自己，以此為教訓，不要再犯同樣的錯誤。如果上級查下來，一定要勇於承擔錯誤，實事求是地說清問題，總結教訓。

2、由於你過去工作不努力，成績不好，現在主管突然很器重你，交給你一些重要的事情，但你的同事因此疏遠你，你該如何處理？

【參考答案】

首先處理好和同事之間的關係，努力完成主管交代的任務，對於主管的重視心存感謝，但不要聲張、炫耀。要以此為動力努力工作，不驕傲自滿。對同事要尊重，努力向他們學習，補充自己的不足，提高自身的工作能力和素質。要積極和同事溝通，不能因為同事的疏遠影響自身的工作。

3 逆向思維成就你的白領夢

逆向思維就是一種超越常規的思維方式，有時候一個人的工作缺乏創新，思維陷入死角，不妨試著打破原有的思維定勢，進行逆向思維，反其道而行，開闢新的思路，進而得到新的創意。

在平時的工作中，擅於打破常規，多用一隻眼睛看世界，多向事物的反方向看一看，遇事多從不同的角度想一想，在側向—逆向—順向之間，多問些為什麼，多幾個反覆，就會多一些創新思路，這樣就可以成就你的白領夢。

數字的邏輯推理

【問題】

某人有三個孩子，這三個孩子的年齡相加等於十三，三個孩子的年齡相乘正好等於這個人的年齡。這個人有個好朋友知道他的年齡，但是不能確定他每個孩子的年齡。這個人告訴他的朋友，他有一個孩子的頭髮是黑色的，然後他朋友就知道了他三個孩子的年齡，你知道三個孩子的年齡分別是多少嗎？為什麼？

【分析與解答】

本題主要考察應徵者的逆向思維能力，透過應徵者的邏輯推理能夠看出一個人的發散思維能力，推理過程很重要。根據條件三個孩子的年齡相加等於十三，可以推出下面孩子和爸爸年齡的幾組數字：第一組：1、1、11、11，第二組1、2、10、20，第三組1、3、9、27，第四組1、4、8、32，第五組1、5、7、35，第六組1、6、6、36，第七組2、2、9、36，第八組2、3、8、40，第九組2、4、7、56，第十組2、5、6、60，第十一組3、3、7、42，第十二組3、4、6、72，第十三組3、5、5、75，第十四組4、4、5、80。其中第一、第二和最後一組顯然是不可能的，這裡面只有第六組和第七組爸爸的年齡是一樣的，都是36，這樣使他的朋友不能確定他女兒的年齡，如果爸爸是其他的年齡，他的朋友一開始就知道他三個孩子的年齡了。因為其他年齡都只有一組固定的數字組成，只有36是兩組。當那個人告訴他朋友，他有一個孩子是黑頭髮時，他朋友知道了他孩子的年齡分別是第七組的數字，2、2、9，這樣比較合理，因為有一個九歲的孩子是黑頭髮，另外的兩個才兩歲是黃頭髮。顯然第六組1、6、6不行，那樣就有兩個黑頭髮了。最後答案是兩個兩歲的，一個九歲的。

升級版

1、有一個水池裡有很多水，給你兩個形狀上下都不均勻的水桶，一個可以裝五公升水，一個可以裝三公升水，如果讓你用這兩個桶準確的秤出四公升水，你會如何操作？

【參考答案】

先把裝三公升的桶裝滿水，把水倒進裝五公升水的桶裡，然後再把裝三公升的桶裝滿水，再把水倒進裝五公升水的桶裡，這樣裝三公升水的桶裡就剩下一公升。這時把裝五公升的桶裡的水全部倒掉，把剩下的一公升水倒進裝五公升水的桶裡，用裝三公升水的桶裝滿水，也倒進裝五公升水的桶裡，就是一公升加三公升，正好是四公升水了。

2、根據給出的一組資料2，5，10，50……你能推出後面的數字是多少嗎？為什麼？

【參考答案】

最後的是500。解題過程：2×5＝10，5×10＝50，10×50＝500。

對真假命題進行逆向推斷

【問題】

有一起盜竊案，三個嫌疑犯A、B、C分別被押上法庭，法官心想，按照常理能提供真實情況的不可能是罪犯，與此相反，真正的罪犯一定會編造謊言掩蓋罪行。這樣想的最後結論就是說真話的沒有犯罪，犯罪的不會說真話。審判的最後結果真是如此，法官開始審訊，他問A：「你是如何行竊的，如實招來！」A用當地的方言說了半天，法官一句也沒有聽懂。法官又問B和C：「剛才

A說什麼？」B說：「A說他沒有盜竊。」C說：「尊敬的法官，A已經招供，他承認自己就是罪犯。」法官聽懂了這兩個人的話，根據他們的回答，法官判定B無罪，C是罪犯。你知道聰明的法官怎麼判定C有罪的嗎？A是不是盜竊犯呢？

【分析與解答】

本題主要考察應徵者的逆向思維能力。根據已給的條件進行逆向推理，過程如下：無論A是不是罪犯都會說：「我不是罪犯」，因為如果他是罪犯他說的是假話，如果不是罪犯他說的是真話。所以A是不是罪犯不確定。在這種情況下，B正確轉述了A的話，所以B說的是真話，不是罪犯。C故意錯誤的轉述了A的話，所以C是罪犯。A不能確定是不是罪犯。

升級版

有一個說謊島，島上住著X、Y兩個家族，X家族的人都說真話，Y家族的人都說假話。一個探險的人迷路了，遇到一個島上的人甲，探險者問：「你是哪個家族的？」甲說是X家族的。探險者相信了甲，讓他給自己當嚮導。在路上他們又遇到另一個人乙。探險者讓甲去問乙是哪個家族的，甲問了回來說：「乙說他是X家族的人。」探險者很迷惑，不知道甲到底是X家族還是Y家族的人。你知道甲到底是那個家族的嗎？為什麼？

【參考答案】

本題主要考察應徵者逆向思維能力，從回答可以看出應徵者的推理能力。首先假設一：甲是X家族的人，那麼他就會說真話，遇到乙以後就出現兩種情況：（1）如果乙是X家族的人，根據已給條件，乙說的是真話，甲也說真話，正確傳達了乙的話。（2）如果乙是Y家族的人，乙說的是假話，他說他是X家族的人，甲說的是真話，正確傳達了乙的話。

假設二：甲是Y家族的人，根據已給條件甲說的就是假話，遇到乙以後也有兩種情況：（1）如果乙是X家族的人，根據已給條件乙說的是真話，乙說他是X家族的人，那麼甲就會轉達成乙是Y家族的人。（2）如果乙是Y家族的人，乙說的是假話，他就會說自己是X家族的人，那麼甲就會傳遞成乙是Y家族的人。根據前面的推斷，假設（2）中甲是Y家族的說法得出的（1）、（2）結論，都與題目相矛盾，所以假設不成立。只有假設一，甲是X家族才成立，所以甲是X家族的人。

4 你是急中生智的有心人嗎？

用人單位以招募選拔需要的人才，求職者透過應徵來表現自我，希望能夠獲得心儀的職位。在求職中，努力給面試官留下深刻而美好的第一印象，成為了求職獲勝的起點。應徵者都是有備而來，但是在面對考官的尖銳問題時，也很難做到萬無一失，所以應徵者要具備隨機應變的能力，才能夠應對面試官的突發性問題。

急中生智巧回答

【問題】

請回答1加1等於多少？

【分析與解答】

在不同的用人單位出這個考題最後答案是不一樣的，這就考察了應徵者的反應能力，是不是能根據所應徵的職位做出合理的回答。在企業招募中，企業希望利益最大化，那麼答案就是：你需要1加1等於多少，它就等於多少。在很多職位需要團隊精神，那麼1加1就會大於2，如果單打獨鬥，1加1就會小於2。如果是公務員面試，那麼公務員的工作態度嚴謹，工作要求實事求是，所以1加1要等於2。

升級版

1、你知道公關這個職位的工作性質，如果在和客戶洽談業務時，客戶提出性要求，你怎麼辦？

【參考答案】

本題主要考察應徵者的反應能力和應對突發事件的能力。出這樣的考題並沒有什麼奇怪的，在現今色情交易屢見不鮮，誰能說職業女性不會碰到這樣的問題呢？出這類的考題面試官主要考察應徵者做人的原則，同時也給應徵者打了個「預防針」。員工如何應對這種情況既關乎著本人的尊嚴，也關乎著公司的形象和利益。

2、如果老闆現在讓你去跳樓，你跳不跳？

【參考答案】

考察應徵者的反應能力，能否機智地做出回答，現在的用人單位不喜歡沒有主見的下屬，透過應徵者的回答，考察出應徵者是否具有獨立性，是否具有獨特的人格魅力。

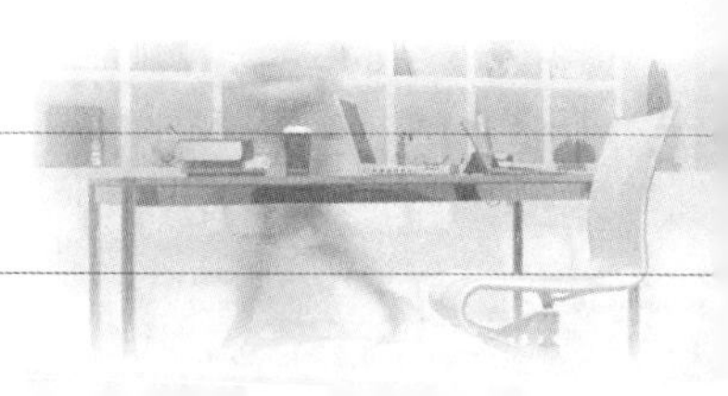

靈活運用、機智回答

【問題】

你讓一些人為你工作了七天，要用一根金條做為報酬。這根金條要被分成七塊，你必須在每天的工作做完後交給他們一塊。如果你只能將這根金條切割兩次，你怎樣給這些工人分？（IBM的經典面試題）

【分析與解答】

本題主要考察應徵者的知識面和頭腦靈活性。可以切兩次，把金條切成1／7，2／7，4／7三份。第一天給他們已經切好的1／7，第二天給2／7，然後拿回第一天給的1／7，因為工作兩天了可以得到這塊金條的2／7。第三天給1／7，就是工作三天了應該得到3／7，第四天，給4／7拿回1／7和2／7，還是得到4／7，第五天，給1／7，就是1／7加4／7，得到5／7，第六天給2／7，拿回1／7，5／7加2／7減1／7最後得6／7，第七天，把1／7給他們，就全部分完了一根金條。

升級版

1、你怎樣算出比薩斜塔的重量呢？

【參考答案】

這類天馬行空的題目看似和應徵職位沒有什麼關係，其實是考察應徵者的估算推理能力，一般沒有精確答案，面試官其實也不知道答案是多少，只是一個大致的範圍。重要的是具體的估算過程，只要應徵者給出一個符合邏輯的推理過程就可以過關。

2、一個人要到親戚家去，親戚家住在八樓，正好趕上電梯壞了，他只有爬樓梯上去。如果他從第一層爬到第四層用了四十八秒，那麼，他爬到住在八樓的親戚家要花多長時間？

【參考答案】

本題主要考察應徵者的頭腦靈活度。這個題目很迷惑人，當他爬到第四層時用了48秒，其實是三層，每層樓他用了48÷3＝16秒，那麼爬到八樓就是16×8＝128秒，答案就是到八樓用128秒。

聰明的腦筋轉轉轉

【問題】

小約翰非常聰明，一天他在一座很窄的小橋旁碰到一個人，這個人正用兩個大水桶挑水。他想為難一下約翰，就對約翰說，如果你能把這兩大桶水從橋這頭提到橋的另一頭，我就送你一件禮物，約翰想了想，真的提著兩桶水過了橋，你知道約翰怎麼提水桶過橋去的嗎？（桶很大，實際上約翰連一桶水也提不動。）

【分析與解答】

約翰跳到水裡，把兩個水桶灌滿水，然後用繩子拴在水桶上，他在橋上提著拴水桶的繩子走到橋的另一頭。

升級版

1、一個工作小組由十個員工組成，他們同住在一座大樓的十個房間裡，他們每個人的房間裡都有別人需要的工作資料。有一天他們要外出工作，隊長對他們說：「現在要出去工作，我們不能同時回來，如果哪個人要回來查資料就難了。現在大家都有自己房間的兩把鑰匙，把一把帶走，另外一把不准掛著門上，這樣不安全，每個房間都要關好窗戶。大家想一想把鑰匙放在哪裡，才能保證讓回來查資料的員工能進入十個房間？

【參考答案】

都放在隊長那裡。誰回來查資料誰就向隊長要鑰匙。

2、小明走路從來腳不著地，你知道為什麼嗎？

【參考答案】

他一直都穿著鞋子。

3、什麼東西可以載著人快速奔馳，卻不用加汽油或其他燃料？

【參考答案】

地球。

5 你是否勇於走進禁區？

走進禁區就是去冒險，所謂的冒險就是打破舊有的條條框框，去探索、發現未知的領域，走沒有人走過的路，嘗試別人沒有試過的東西。

未來的世界屬於冒險者，屬於那些勇於走進禁區的人，不勇於去冒險，何以制勝？求職也是如此，市場競爭如此激烈，企業需要大批勇於走進禁區、勇於冒險的員工，這些人為企業不斷創新，創造出更大的市場競爭力，使企業成就豐功偉業。

走進生活禁區

【問題】

你到一個旅遊區爬山，在途中突然出現三條蜿蜒的小路，一條路上遊客熙熙攘攘，熱鬧非凡。一條是爬山索道，只要花費五十元錢就可以輕鬆到達山頂。一條是人跡罕至，荊棘叢生的小路。這時你會選擇那一條？請說出理由。

【分析與解答】

本題主要考察應徵者的冒險精神。什麼是冒險？就是走別人沒有走過的路，嘗試別人沒有嘗試過的東西。既然去走沒有人走過的路，在沒有前例的未知領域探索，就會有各種可能出現，會存在未知的危險，最後的結果可能成功，也可能會失敗。冒險是強者的性格，你具備多少強者的素質呢？從你對題目做出的選擇，就可以看出來。如果你選擇了遊客們都走的路，那麼你就是一個做事喜歡按部就班的人；如果你選擇了索道，說明你在一些事情上有一點創新的魄力，但是你不會勇敢的去冒險，缺乏大將風範；如果你選擇了荊棘叢生，無人走過的小道，那麼你是一個愛冒險的人，不甘於平淡無奇的生活。

升級版

你想做一件事情時，有多大的把握才會付諸於行動？

【參考答案】

本題主要考察應徵者的冒險精神。不同的用人單位和不同的職位，對這個問題的回答、判斷都有所不同。有的職位需要冒險精神，比如銷售要求你不斷去創新，所以就要具有冒險精神。有的職位需要你的態度嚴謹保守，比如軟體工程師、銀行職員、公務人員等等，應徵這些職位你就要實事求是地回答。

走進工作禁區

【問題】

有一個很奇怪的公司，總經理會告知每一個新來的員工，不許進公司的某個房間，沒有什麼理由，就是不允許。其中有一個員工很好奇，要去探個究竟。他走到那個房間門口，看到門虛掩著，他輕輕地敲了敲門，沒有人答覆，就推開門走了進去。他看到房間裡有一個紙條，紙條上寫著：把紙條交給總經理。他的同事知道他擅闖公司「禁區」，都勸他好自為之，把紙條放回去。但是年輕人沒有聽從勸告，直接把紙條交給了總經理。出乎大家的意料，他不但沒有受到懲罰，還被公司任命為銷售部經理，你知道為什麼嗎？如果你到這家公司去上班，告訴你不要到公司的「禁區」去，你會怎麼做？

【分析與解答】

這個題目考察了應徵者的冒險精神，敢不敢闖闖禁區，是否勇於探索未知領域。年輕人打破常規，沒有被固有的條條框框束縛，富有開拓精神，做銷售工作需要的就是這種精神，所以他獲得了提升，被老闆委以重任。在人的一生中，有很多成功的大門是虛掩著的，只要你有膽識，有勇氣去叩響它，就會是另外一番天地。人生最大的悲哀莫過於被世俗的條條框框束縛住，不敢去衝破它，就是這種謹小慎微讓很多人失去了成功的機會。

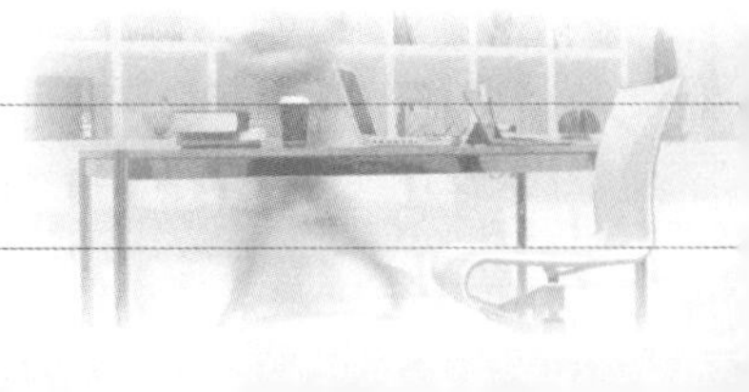

升級版

如果此時房間外面有一艘太空船著陸，你會不會走進去？如果它可以帶你去任何一個你想去的地方，你會要求它把你帶到哪裡去？（某家投資銀行的經典面試題）

【參考答案】

本題主要考察應徵者的冒險精神，透過應徵者的回答可以看出應徵者是否勇於闖禁區。風險投資本身就充滿風險，從事這個行業的人就要具備冒險精神，一個人有冒險、創新精神的人，他的氣魄和膽識在關鍵時刻會給周圍的人以安全感，會得到人們的信任和尊重。

走進思維禁區

【問題】

一天夜裡，天上沒有星星也沒有月亮，一輛沒有打開車燈的汽車飛快地行進著，路上沒有路燈，到處一片漆黑。忽然汽車「嘎」地一聲停住了，司機下車撿起一匹橫在路上的黑布，請問司機是如何發現的？

【分析與解答】

黑布攔住了汽車，汽車被迫停下，於是司機撿起了黑布，這和周圍的漆黑沒有關係。所以一定要跳出題目的陷阱，走出思維誤區。

升級版

1、房間裡有兩個人，一個人面朝南站著，另一個人面朝北站著，他們不許回頭，不許走動，也不許照鏡子，你說他們能看到對方的臉嗎？

【參考答案】

這是個迷惑人的題目，打破常規思維，就可以知道：一個人面朝南，一個人面朝北，那麼他們是面對面站著的，當然可以看到對方的臉了。

2、有兩個人在一天之內下了七盤象棋，在沒有和局的情況下，他們兩個人贏的次數相同，你知道是怎麼回事嗎？

【參考答案】

有一盤沒有下完。

6 要勇於製造成功的敲門磚

大家都知道應徵第一件事是投履歷：你畢業於什麼高級學府，你獲得過什麼專業證書等等，那麼這些證書就成了面試前的第一塊敲門磚，一定要用好這塊磚，它反映出了你的專業基礎。接著就是面對考官了，這時所有的應徵者都站在同一起跑線上，真正決定你職場命運的時候開始了。面試官看重的不是你的過去，而是你現在的實力和將來的潛力，所以一定要充滿信心，此時自信心是你敲開面試關的第一塊敲門磚。在回答面試官的問題時，不要就問題回答問題，也不要被問題的表象所迷惑，要站在一定的高度去回答，要讓你的答案戰勝競爭對手，把自己成功推銷給用人單位，讓面試官覺得你是最適合的人選。應徵者在應徵之前一定要詳細瞭解你所要應徵的公司，瞭解他的企業文化、市場定位、發展方向等等，一定要和公司做到「臭味相投」。現在的大型跨國公司都把應徵者的團隊協作能力做為招募的重要內容，一定要表現出你這方面的能力。總之，一定要勇於製造成功的敲門磚，它會幫你敲開成功的大門。

第一塊敲門磚——充滿自信

【問題】

某家公司要招募一名銷售人員，當時應徵的人很多，經過層層篩選，能夠進入面試的有二十八人，有一個小伙子也被幸運的選入面試名單，但不幸地被排在了最後一名。這個小伙子擔心在他還沒有面試就已經確定了錄用人選，所以靈機一動，寫了個紙條讓工作人員交給面試官，上面寫著：「尊敬的考官，我是排在最後一名的面試者，在沒有對我進行面試之前，請您千萬不要做最後決定。一個不會浪費您寶貴時間的人。」面試結束，幾天以後這個小伙子被錄取，你知道為什麼嗎？

【分析與解答】

這個小伙子用自信和機敏為自己的成功製造了一塊敲門磚。可能他的個人條件並不優秀，但那張小小的紙條功不可沒，小伙子急中生智的臨場發揮，帶來了意想不到的成功。

升級版

在過去，你承擔過具有挑戰性的工作嗎？你為什麼會認為這件工作有挑戰性呢？

【參考答案】

本題主要考察應徵者的自信心。一個充滿信心的人會主動迎接挑戰，並對自己的行為和決定產生的後果勇於承擔責任。

第二塊敲門磚——責任心強

【問題】

如果你的上級主管在你沒有完成本職工作的情況下，交給你與你工作不相關的任務，你會怎麼做？

【分析與解答】

本題主要考察應徵者的工作責任心。一個有責任心的員工不僅僅是做好自己的本職工作，還能應付工作中出現的矛盾和衝突，能夠泰然處之。有責任心的員工會明白，為了發展，公司在不斷的變化，員工也要適應公司，對公司的變化做出積極回應。只有適應公司的發展，自身才能得以發展。在工作中如果你主動要求提升，也是責任心的表現，表明你願意承擔更大的責任，願意為公司創造更多的價值。

升級版

你的一個同事工作懶散，經常牢騷滿腹，影響到整個部門的工作，他是不是沒有責任心？如果是你，會怎麼做？

【參考答案】

本題主要考察應徵者對責任的認識。一個有責任心的人應該認識到工作並不單單是為了生存而去做，而要把工作當成一種使命，要調動最大的積極性。經常抱怨自己的工作不好、待遇不高，是沒有責任感的典型表現。工作沒有貴賤之分，沒有卑微的工作，只有卑微的態度。只有在你有了責任感，在工作中才能表現得卓越，才能有意想不到的成績和收穫。

第三塊敲門磚——團隊協作

【問題】

假設在你的工作中，曾經和一個大家都認為最難相處的人合作，你是怎樣和他合作，並提高工作效率的？

【分析與解答】

本題主要考察應徵者的團隊協作能力。在團隊工作中需要具備很強的人際交往能力，如果不具備這些能力，在工作中就會遇到很多麻煩，工作就沒有辦法進行下去。當你遇到一個很難相處的人，你要帶動他共同完成工作目標，還要讓他和你團結協作，對公司抱有很高的熱情，這都是對你能力的考驗。員工的交際能力在工作中起了舉足輕重的作用，很多企業員工被解雇，最大的原因就是和同事處理不好人際關係，也就是團隊的協作能力不強。

升級版

你是如何使你團隊的成員互相信任、互相協作的？

【參考答案】

本題主要考察應徵者的團隊合作能力，以及在團隊中的領導能力。一個團隊中優秀的領導人，要具備和他人建立並保存合作關係的能力。在人際交往中，信任是必備的條件之一。一個優秀的團隊領導人還要對自己的能力充滿信心，必須掌握每個員工的工作分工和職責，要和部門員工保存行為一致，合作完成團體工作目標。

7 門檻很高你是否要闖闖？

在競爭激烈的社會，各行各業的就業門檻都很高，你敢闖一闖嗎？要想闖過去，必須具備膽識，有創新精神。

用人單位從最早的看重文憑到重視經驗，到今天更青睞具有創新精神的員工。聘用創新型的人才是一個企業邁進成功的第一步，要想在工作職位儘快得到提升，就必須不斷去創新和開拓。

生活中的門檻你敢闖嗎？

【問題】

你認為未來的汽車應該是什麼樣子的？請說說你的設計理念。

【分析與解答】

本題主要考察應徵者的創新精神。大家都知道現在能源消耗嚴重，尋找新的能源將是這個問題的一大關鍵，比如可以用風能、太陽能、核能等，做為未來汽車的動力原料。可以使車身隨意改變，設計成折疊式的，這樣使用起來更加方便。可以一車多用，水、陸、空都可。尋找新型製造汽車的材料，汽車可以自動躲人、減少交通事故等等。

升級版

大家每天都要刷牙，你能對牙刷的使用功能提出五點建議嗎？

【參考答案】

牙刷是日常用品，現代的牙刷功能也很多，再提出五點，有一定的難度，這就考察了應徵者的創新意識。１、增加牙刷的娛樂功能，一刷牙就發出優美的音樂。２、增加牙刷的檢測功能，能自動檢測出主人的口腔疾病，並顯示出來。３、增加牙刷的自動吸附功能，把舌苔的附著物自動吸附下來，更方便、更衛生。４、增加牙刷的自動按摩功能，在使用牙刷時口腔壁和舌頭得到按摩。５、增加牙刷適應性，什麼樣的人都可以用。

工作中的門檻你能闖過去嗎？

【問題】

給你兩幅圖，一幅畫的是常見的碗裝速食麵，另一幅畫的是袋裝速食麵，上面都寫著XX速食麵的字樣，你看到這兩副圖會想到什麼？

【分析與解答】

透過這樣兩幅圖，考察應徵者的創新能力和聯想能力。從畫面首先想到的一定是速食麵的加工、生產、銷售以及產品品質等等。這些是表面的，那麼更深層次的就是糧食生產、糧食的加工利用以及糧食安全這些關係國計民生的重大問題。應徵者可以從不同的角度去認識和看待問題，不要被表象束縛了思維。

升級版

1、如果你是一個自行車廠商的設計師，怎樣設計一款新型的自行車呢？

【參考答案】

本題主要考察應徵者在工作中的創新能力。自行車有很多需要改進的地方：新型的自行車應該可以折疊，選用新的材質，不用的時候不能浪費資源，可以液化；可以運用風能或太陽能減少人力；增加對人體的保護功能，在出現交通事故時，可以保護騎車人的人身安全；可以針對現代丟車頻繁現象，增加防盜系統，最好用指紋鑑定。

2、如果你是IT工作者，請說說因為網際網路的應用，將來社會會出現什麼現象？

【參考答案】

本題主要考察應徵者的想像力和創新能力。網路的普及給人們的生活帶來了便利，資訊傳遞方便了，人們交流變多了，電話、手機用的少了；人們在網上購物的多了，出門逛商場就會減少；人們在網上學習，將來就不用去學校學習了；人們在網上進行娛樂，去公園的人也少了。

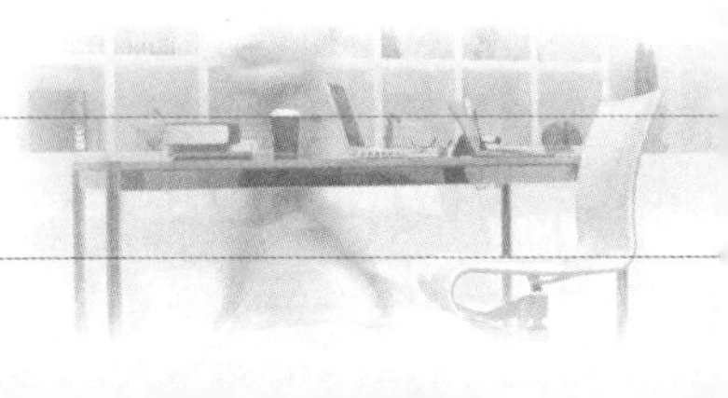

頭腦中的門檻更要闖一闖

【問題】

將汽車鑰匙插入車門，向哪個方向旋轉就可以打開車鎖？

【分析與解答】

這是個開放式的試題，應徵者在短時間內對不規則問題做出快速的反應，給面試官一個獨特的答案。對於這類題的答案，面試官並不關心，關心的是應徵者能否快速想出解決問題的辦法，能否對一個問題做出符合邏輯的創造性的思考。面試官希望得到意想不到的答案。

升級版

1、有三個罐子，一個裡面裝的全是紅色的乒乓球，一個裡面全是白色的乒乓球，一個裡面是紅、白球混裝的，罐子外面的標籤是騙人的（比如，如果標籤寫的是紅色球的，那麼可以肯定罐子裡不會只有紅色球，可能還有白色球），你拿出其中一個罐子，從裡面摸出一個球，然後正確的寫出三個罐子的標籤。

【參考答案】

其實很簡單，你只要從寫著混合球的罐子裡拿出一個球，就知道其他罐子裡的球是什麼顏色了。因為罐子外面的標籤是假的，那麼寫混合的裡面裝的不是紅色的，就是白色的。如果你拿出的是白色的，那麼寫著白色球的罐子裝的肯定是紅色的，寫紅色球的肯定是混合的。假設寫白色球的罐子裡是混合的，那麼寫紅色球的罐子裝的就是紅色球，這樣和題目說外面的標籤寫的是假的相衝突，所以這個假設不成立。

2、有一家人有四個女兒，她們四個的年齡相乘等於十四，你知道她們各自的年齡是多少嗎？（年齡一定是整數）

【參考答案】

姐妹四人的年齡分別是一歲、一歲、兩歲、七歲。其中有一對雙胞胎。還有一組答案是：三胞胎都是一歲，最大的姐姐十四歲。

8 心動永遠不如行動

我們每個人都有很多想法，有很多美好的願望，對人生有重要的規劃，但是這些都要付諸於行動才能實現。行動是一切事情成功的保障；行動可以使一個人面對困難時，主動去改變現狀；行動可以使人坦誠的去面對自己無法改變的缺陷；行動可以使一個平凡人一躍成為成功人士。

真正的成功者不是空想家，而是積極的行動者。你現在還等什麼？規劃好人生目標，現在就開始行動吧！

學習的行動力

【問題】

你在一年中有多少時間和金錢用於提高你的知識和能力？

【分析與解答】

現代社會是一個重視知識的年代，知識更新換代迅速，一個人已經掌握的知識和工作技能很快就會過時。再優秀的人都要不斷去學習，去更新自己的知識，提高自身的綜合素質，才不會被社會淘汰。

升級版

你是如何理解「珍珠非常好看，泥土毫不起眼，吸引不了別人的注意，但是泥土卻能為人們鋪就一條可以行走的路」這句話的？

【參考答案】

本題考察應徵者對知識和學習重要性的認識，以及個人的價值取向。有價值的東西不一定會光彩照人，知識並不起眼，卻可以充實一個人，使人受用一生。所以一個人要終身學習，不斷充實自己，讓知識為自己鋪就一條通向成功的光明大道。

工作的行動力

【問題】

如果聘用了你，你如何在有限的時間內完成工作任務？

【分析與解答】

一個靈活多變的應徵者，能夠在維持公司的利益下，有效調整他的工作方式和方法，並能分出工作中的輕重緩急，在有限的時間內出色完成工作任務。

升級版

1、主管臨時有事不能參加，讓你主持一個重要的會議，在會議中有人對你不服氣，故意讓你難堪，使會議氣氛非常尷尬，這時你會怎麼辦？

【參考答案】

本題主要考察應徵者在工作中的行動力和處理棘手問題的能力。主管委任你主持會議，你代表的就是主管，所以要寬宏大量，不要斤斤計較，也要不失掉主管風範，讓別人覺得你難當大任。

2、在一個專案中，你和上級主管有不同的意見，透過多方面的考察，你認為主管的觀點是錯誤的，這時你如何處理？

【參考答案】

本題主要考察應徵者工作中的行動力。首先和主管進行開誠佈公地溝通，以大量的事實說服主管。當溝通無效時，可以向上一級主管求助，幫助自己做工作。最後意見還是不能統一，就要按主管的觀點去做。

主管的行動力

【問題】

在工作中，如果你發現公司的一些決策和業務存在重大問題，你會向公司提出什麼樣的解決方案？

【分析與解答】

本題主要考察應徵者是否具備統攬全局的領導者素質，是否有積極的行動力。做為一個領導者要從長遠的利益看待問題，只有這樣才能尋找到可以解決問題的最佳方式和方法。

升級版

1、在你的主管生涯中，每做出一個重要決定，是否要進行認真分析，周密考慮？

【參考答案】

從應徵者的回答，可以看出一個領導者的決策能力。決策力是衡量一個人綜合素質的標準之一，主管的決策不是在真空中做出來的，要考慮到做出的決定會不會對公司的其他方面造成影響。所以必須收集材料，對資料進行分析，還要權衡利弊，盡量做到萬無一失。

2、在你擔任主管的過程中，是如何使你的部門發生變化的？

【參考答案】

本題主要考察應徵者工作中的主動性。只有在工作中具有主動性的領導者，才具有不斷創新，採用新的方法解決問題的企業家的精神。解決企業長期存在的難題，給企業帶來新的生機，給他所帶領的團隊帶來意想不到的收穫。

9 相信你自己是最棒的嗎？

自信心是獲得成功的保障，是展示自我個性的重要基礎。

在競爭激烈的職場中，工作向來以成敗論英雄，誰能時時刻刻陪伴你、鼓勵你、幫助你呢？那就是你的自信心，激勵你去迎接一次次新的挑戰，完成一個個艱巨的任務。在職場如果你是個毫不起眼的小卒，引不起別人的注意，這時自信是你生存的一大法寶，你要時刻說出一句話：「我做得到，我是最棒的！」積極表現自己，主動承擔主管要解決的問題，真誠幫助你的同事，這樣你會增加自信，同時也讓別人認識到你的價值。

自信不是財富，但當你擁有了自信，它就會給你帶來無盡的財富，擁有自信讓你在工作中獲得升遷的機會，讓你擁有私人的辦公室，讓你迎接更大的挑戰，獲得更多的成功。

工作中的自信心

【問題】

如果現在錄用了你，你憑什麼覺得自己在這個職位能夠取得成就？

【分析與解答】

本題主要考察應徵者對工作的信心，以及對工作的熱情和對自己的挑戰。回答這個問題可以從應徵者的工作技能和專業知識入手，用實際的例子來說明，同時要表現出對這份工作有高度的熱情，表達出自己對事業有積極的進取心。

升級版

1、如果我們聘用你，現在的工作任務繁重、條件艱苦，你認為自己能夠堅持下來嗎？

【參考答案】

從應徵者的回答中可以看出對艱苦的工作有沒有信心。回答這類問題，首先肯定艱苦的條件可以鍛鍊一個人的意志，使自己可以快速得到成長。透過艱苦的條件挑戰自我，在挑戰的過程中鑄就成功。

2、你剛到一個新的工作環境，如何去適應呢？

【參考答案】

本題主要考察應徵者對新工作職位的信心。首先要和同事以及主管處好關係，堅守自己的工作崗位，認真做好自己的本職工作，積極主動地與團隊配合。現在企業是團隊作戰，所以要有信心處理好和團隊每個成員的關係，進而使自己的能力最大化，為企業創造最大價值。現代知識更新換代迅速，在工作中主動向別人學習新的知識，努力提高自己的業務水準，爭取不扯團隊的後腿。

生活中的自信心

【問題】

廚師想要做好一道菜，只有充足的佐料是不夠的，還要能夠進行很好的搭配。請結合實際經驗談談你的看法。

【分析與解答】

一個人無論做什麼事情想要做成功，都要充滿信心。就如同做菜一樣，只有原料是不夠的，廚師還要有出色的技術和十足的自信心，才能做出色、香、味俱全的美味佳餚。

升級版

1、你的朋友評價你是一個容易交往、值得信賴的人，你對此認可嗎？

【參考答案】

回答這類問題可以從一個人的做人標準談起，偉大的思想家孔子曾經說過：「人而無信，不知其可也。」只有真誠對待別人，才能獲得別人的認可。同樣，對朋友要積極熱情，只有雙方共同付出，友誼才會長久。

2、你的筆試成績不太好，面試也一般，你認為公司會錄取你嗎？

【參考答案】

利用故意施加壓力，考察應徵者的自信心、反應能力和自我調控能力。一個充滿自信的應徵者會正確評價自我，利用一切方法突出自己的優勢，變被動為主動，為自己贏得成功的機會。

自信聰明的你

【問題】

西藏有一種犬科動物，叫做獒。在犬剛剛會走路以後，主人就會把很多隻放在一起，讓牠們相互撕咬，最後剩下的那隻不再叫犬，而叫做獒。請問，你對犬主人的這種做法如何看待？

【分析與解答】

這個現象說明了生存最基本的規律：優勝劣汰，適者生存。

人為的去製造一個殘酷的競爭環境，使優勝者生存下來，而且生存者發生了質的改變，由犬變成了身價百倍的獒。此現象反映了在激烈的競爭中，只有那些有知識、有自信、勇於進取、勇於挑戰的人，才能實現自己的人生目標。那些沒有能力，又缺乏自信，不思進取的人遲早要被社會淘汰。現在的職場競爭也是如此，用人單位最後錄取的都是出類拔萃的人才，如果一個人沒有太高的學歷，那麼一定要充滿自信，充分發揮出自己的優勢，爭取獲得成功的機會。

升級版

1、你是個在校學生，沒有工作經驗，我們聘用了你，你怎樣才能勝任這個職位？

【參考答案】

考察者的目的不是你是否具備經驗，而是看你是否具備戰勝自我的信心。自信心是應徵者在面試官面前最有吸引力的一個重要因素，有信心的人能夠把衝突看做是自己發展的機會，在說話、辦事和判斷中，對自己的優勢表現出強烈的信心。回答這類問題要充分的體現出你的真誠，開誠佈公地說出自己的觀點，突出自己的優勢。表現出自己是這個職位的最佳人選。

2、二〇〇八年的金融風暴產生了較大的影響，中國現任總理溫家寶說，信心比黃金更重要。請你就此談談對信心的理解。

【參考答案】

面對危機要充滿自信，利用自身的優勢，化危機為機遇，確保中國經濟的穩步發展。

10 你是伸縮自如的彈簧嗎？

良好的心態可以提高一個人承受壓力的能力，俗話說「藝高人膽大」，一個人的整體素質高，解決問題的能力就強，日常工作的效率也高，那麼當他面對突發事件時就會應對自如。

彈簧一樣的抗壓能力

【問題】

公司老闆從外地趕來，要你向他彙報近期的工作，這時你的下屬來電話，一個客戶有重要的事情找你，如果你現在不去處理，就會失去這個長期和公司合作的大客戶。一邊是遠道而來的老闆，一邊是重要的客戶，你怎麼處理？

【分析與解答】

本題主要考察應徵者的反應能力，和對壓力的承受能力。要分清事情的輕重緩急，老闆可以等，但客戶要是失去了，公司的利益就會受到損失。先向老闆說明情況，讓老闆稍等，儘快去處理客戶的問題。如果客戶的問題要很長時間處理完，可以和客戶溝通，等老闆走了以後再處理。也可以聽聽老闆的建議，按照他的意思去做。

升級版

在快節奏的生活中，你是如何在工作和生活中找到平衡的？

【參考答案】

本題主要考察應徵者的抗壓能力。隨著社會的快速發展，競爭更加激烈，現代人的生活壓力不斷加大，生活與工作存在太多不可調和的衝突，能夠在兩者中找到平衡，成了當務之急。回答這類問題要舉例說明。

彈簧一樣的反應能力

【問題】

你和女朋友約好下班後一起去吃飯，可是在快下班時主管通知你留下來，有緊急公務需要處理，你會怎麼辦？

【分析與解答】

本題主要考察應徵者的反應能力，和處理突發事件的能力。現代企業中加班是經常的事情，要妥善處理加班和私事。首先要瞭解處理完這些事務要用多長時間，如果很快就會處理完，可以告訴女朋友稍等你一下。如果需要很長時間就要取消約會，以工作為重。

升級版

1、你的上級主管為了公司的利益讓你去做一件事，可是這件事會影響到你的個人利益和前途，這時你怎麼辦？

【參考答案】

考察應徵者的反應能力，在工作和個人得失面前怎麼樣去選擇，這也關係到一個人的價值取向。首先要想到自己是為什麼而工作，自己的前途和利益應該是和公司的利益一致的，要以公司的利益為主。任何事情都有得有失，「塞翁失馬，焉知非福」，有些事情看起來對個人短期利益有影響，但是處理得當，受到主管的重視，就會得到更長遠的利益。

2、在一次小組會議上，你的上級主管對一個工作專案提出表揚，特別稱讚了你，而你根本就沒有參加這個項目，你怎麼處理這種情況？

【參考答案】

考察應徵者的反應能力，這樣的事情在工作中有出現的可能，也許主管故意用這種方式激勵員工，也許是主管工作忙，一時疏忽搞錯了。要在會議結束後找適當的機會向主管解釋清楚，讓主管感覺到你的誠實，並向主管表明以後努力工作的決心，爭取日後得到主管和同事的認可和讚揚。

彈簧的靈活機智

【問題】

瑪麗全家有四口人，年齡總和是七十三，爸爸比媽媽大三歲，瑪麗比弟弟大兩歲。但是四年前她們全家人的年齡總和是五十八歲。請你算出瑪麗全家現在的年齡各是多少？

【分析與解答】

由於四年前，全家人都要去掉四歲，年齡總和應該比現在的年齡總和少十六，應該是五十七，而當時是五十八，就可以推出瑪麗的弟弟那時還沒到一歲。那麼就可以知道瑪麗的弟弟現在四歲，瑪麗比弟弟大兩歲，就是六歲。爸爸媽媽的年齡總和是73－6－4＝63，爸爸比媽媽大3歲，就可以算出爸爸三十三，媽媽三十。瑪麗全家現在的年齡分別是爸爸三十三歲，媽媽三十歲，瑪麗六歲，弟弟四歲。

升級版

1、兩個小姑娘想買一本書，姐姐差五角錢，妹妹只差一分錢，可是她們兩個把錢放在一起合買一本，錢還是不夠。你知道這本書的價格是多少嗎？姐妹兩人各有多少錢？

【參考答案】

這本書的價格是五角，姐姐一分錢也沒有，妹妹有四角九分錢。

2、一隻漂亮的鸚鵡穿著防彈衣在樹枝上跳舞，被獵人一槍打了下來，你知道為什麼？

【參考答案】

因為鸚鵡在跳脫衣舞。

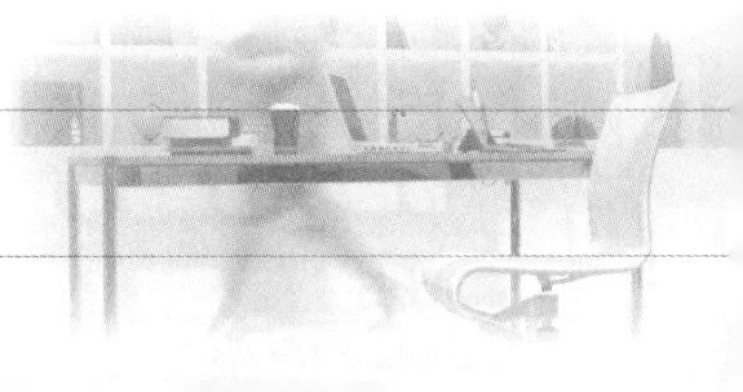

11 讓你體驗數字的奧祕

數學是人們遇到問題時，解決實際問題最高效的工具。現代知識膨脹，企業需要的是頂尖的人才，所以更要注重發展數學能力。

基礎數學

【問題】

在一個罐子裡裝有十個顏色不同的相同皮球，其中藍色的有六個，黑色的有四個。現從罐子中任意摸出兩個，請問：2個球都是藍色球或黑色球的機率是多少？是一個藍色球，一個黑色球的機率是多少？

【分析與解答】

本題主要考察應徵者的數學基礎知識。是藍色球的機率：（6／10）×（5／9）。黑色球的機率是：（4／10）×（3／9）。一個藍色球或一個黑色球的機率是（6／10）×（4／9）＋（4／10）×（6／9）。

升級版

1、請你給1＋2＋3＋4＋5＝15這個算式中每個數的後面加一個相同的數字，使等式成立。

【參考答案】

10＋20＋30＋40＋50＝150。

2、郵局有三個顏色不同的信箱，一天有四封信件要投到這三個不同的信箱裡，你知道有多少種投法嗎？

【參考答案】

每一封信有三種投法，那麼四封信就有3×3×3×3＝81種投法。

邏輯數學

【問題】

一道關於飛機加油的問題，已知：每個飛機只有一個油箱，飛機之間可以相互加油（注意是相互，沒有加油機），一箱油可供一架飛機繞地球飛半圈。問題：為了能使至少一架飛機繞地球一圈回到起飛時的飛機場，最少需要出動幾架飛機？（所有飛機從同一機場起飛，而且必須安全返回機場，不允許中途降落，中間沒有飛機場）

【分析與解答】

主要考察應徵者的邏輯推理能力。

推理過程如下：

1、首先把飛機的個數設為n，如飛機1，飛機2等等。

2、把地球一周平均分成八份，每個點分別為：O、A、B、C、D、E、F、G，其中定O點為起飛點。根據題目已給的條件，一架飛機加滿油箱安全的起飛並且安全返回原來的起飛點，能飛行的最遠距離是地球一周的1／4，那麼飛行的距離就是OB；如果一架飛機給另外一架飛機加油的話，就只能飛行地球一周1／8的距離，也就是OA。這樣可以繼續推論：

（1）、假設同時有三架飛機從O點起飛，當他們飛到A點時，飛機1、飛機2將繼續飛行，飛機3將給飛機1、飛機2加油，各加1／4的油，這樣飛機1和飛機2就加滿油了；飛機3用剩下的1／4的油剛好能飛回起點O，因為飛機3飛到A的時候已經用去了1／4的油。

（2）、飛機1、飛機2繼續飛行。當他們飛到B點時，飛機1將繼續向前飛行，飛機2給飛機1加油，加1／4的油，這樣飛機1又被加滿了油；飛機2用剩下的2／4（飛到B點又用去了1／4的油再加上給飛機1加的1／4油）的油剛好飛回起點O。

（3）、飛機1繼續飛行，這時油箱裡的油可以讓他繞地球的半圈，這樣就可以到達F點。

（4）、當飛機1飛到地球的半圈D點的時刻，同時從起點O處反方向派出三架飛機，飛機4、

飛機5、飛機6。這樣能保證飛機1飛到F點時剛好有兩架飛機到達F點。（飛機4、飛機5、飛機6是沿著OG的方向飛行）

（5）、同前面一樣，當飛機4、飛機5、飛機6飛到G點時，飛機6同時給飛機4、飛機5加油。飛機4、飛機5滿油繼續飛，飛機6安全飛回O點。

（6）、飛機1、飛機4、飛機5同時飛到F點，這時飛機4、飛機5油箱裡的油分別為3／4，這時他們同時給飛機1加1／4的油，這樣三架飛機就都有2／4的油，就完全可以飛到起飛點O了。

根據以上推斷，答案是要出動六架飛機。

升級版

給你一組數字：1，2，5，10，17，26……請仔細觀察這組數的構成規律，根據以上的規律你能確定第八個數是多少嗎？

【參考答案】

考察應徵者的數學邏輯推理能力。根據已給的一組數，你會發現以下的規律：第一個數是1，第二個數是1＋1，第三個數是1＋1＋3，第四個數是1＋1＋3＋5，第五個數是1＋1＋3＋5＋7，第六個數是1＋1＋3＋5＋7＋9，那麼就可以推出第七個數是1＋1＋3＋5＋7＋9＋11，第八個數就是1＋1＋3＋5＋7＋9＋11＋13＝50，那麼第八個數是50。

2、在下面的一組數中：1、3／5、2／5、（　）、3／13、7／13你知道括弧中應該多少？為什麼？

【參考答案】

根據1＝3／5＋2／5，那麼可以得出：10／13＝3／13＋7／13。所以括弧裡應該是10／13。

趣味數學

【問題】

有一座教堂請一位老鐘錶匠裝了一個大鐘錶，由於鐘錶匠年齡大了，把長、短針裝反了，短針反而比長針快十二倍。裝的時候是上午六點，鐘錶匠把短針指在六上，長針指在十二上，然後他就回家了。鐘錶匠下午七點多趕來，和懷錶一對，鐘準確無誤。老鐘錶匠第二天一早八點多又趕來了，和懷錶一對，時間還是準確無誤。你知道是怎麼回事嗎？

【分析與解答】

鐘錶匠看到的時候正好長短針重合在一起，所以他和懷錶一對都是準確的。假設是x分鐘，那麼可以得到（7＋x／60）／12＝x／60　x，x＝38.2就是38分。（8＋x／60）／12＝x／60　x，x＝420／11，是44分。第一次是7點38分，第二次是8點44分。

升級版

1、有一座小橋只能承重七十公斤，一個重六十公斤的人帶著兩個平均十公斤重的鐵球怎樣才能通過小橋？

【參考答案】

雙手顛著球過去。

2、王老漢進城買了一隻狗，還買了一籃子骨頭，在途中老漢累了，就把狗用一根五公尺長的繩子拴在路邊的樹上，將骨頭放在離狗八公尺遠的地方，但是等老漢歇完腳，要走的時候發現骨頭被狗叼走了，你知道為什麼嗎？

【參考答案】

把骨頭放在了樹的這邊了，狗拴在樹的那邊了，它們相距是八公尺。

12 打造百萬年薪的十大職商

成功慾望測試題

對於一些具有創造性、挑戰性的工作職位，需要成功慾望強的人來勝任，還有一些重要的主管職位更需要這樣的人才。這個小測試將為你成功就業提供依據。

根據題目內容，符合的請回答「是」，不符合的請回答「否」。

1、一般情況下，你每天工作以後的時間是不是都用在和朋友一起閒聊、喝茶或其他的消遣？（是0分，否1分）

2、同事都走了，辦公室就剩下你一個人，是否感覺很無聊？（是0分，否1分）

3、你認為有人羨慕你就證明你很成功嗎？（是1分，否0分）

4、你在和人交談中，是不是很有耐心，能夠讓人把話說完？（是0分，否1分）

5、在朋友的眼中，你是個生活很自在、很休閒的人嗎？（是0分，否1分）

6、你正忙的不可開交，你的同事與你聊天，你是否會感到很不耐煩？（是1分，否0分）

7、在生活或者工作中，遇到難題你會知難而退嗎？（是0分，否1分）

8、你經常會把工作帶回家，晚上要工作到深夜才休息嗎？（是1分，否0分）

9、去赴約會，每次都能準時到嗎？（是1分，否0分）

10、你無法容忍你的下屬或其他和你關係很好的人工作效率低嗎？（是1分，否0分）

11、經過你的努力付出，工作上獲得了優異的成績，可是沒有得到主管的肯定，你是否很失意？（是1分，否0分）

12、同事們聚在一起，海闊天空的閒聊，你一直想偷偷溜回自己的工作職位嗎？（是1分，否0分）

【計分與評價】

總分在8～12分的，說明你是一個有極強成功慾望的人，你能擔當主管職務。

總分在5～7分的，說明你是一個成功慾望一般的人，能勝任一般職務。

總分在5分以下的，說明你成功的慾望很低，對就業能否成功抱順其自然的態度。

自律能力測試題

所有的工作職務都離不開自律能力，特別是銷售行業，需要自己安排和支配工作時間，如果沒有自律能力，肯定做不出說明成績。現代招募和選拔人才，自律能力也是考察的重點。

根據題目符合的請回答「是」，不符合的回答「否」。

1、因為外出遊玩，耽誤了一項重要工作，你是不是很後悔？
2、別人要求你做一件難度很大的事情，你是否覺得這是一項有趣的挑戰？
3、如果一項工作三天就可以完成，但是你五天完成也沒有人批評你，你是否會在三天內完成？
4、你通常對你的資金有計畫嗎？
5、你是否會準時繳納各種帳單？
6、你有記錄、存放各種資料的習慣嗎？
7、你能在一、兩分鐘內找到自己需要用的某一證件嗎？
8、如果工作任務繁忙，你會一連數天加班工作到十二個小時以上嗎？
9、你會主動去做一些不屬於你工作份內的事情嗎？
10、你能經常自動自發的工作嗎？
11、你能主動設定自己的工作目標和完成的日期嗎？
12、你對自己的時間經常做計畫嗎？
13、你今天計畫了怎麼支配時間嗎？
14、你的上司要求你做一件你不願意做的事，你是否會拒絕？
15、你在工作時總是注意力集中，不受外界干擾嗎？
16、某項重要的工作，沒有人監督你，你會自覺做的很好嗎？
17、晚上有你喜歡的籃球賽，但是公司有重要的工作要加班，你會拒絕嗎？

18、在工作中遇到棘手的難題，你會主動想辦法解決嗎？

19、急需一些資料卻無法找到，你會馬上找別人幫助嗎？

20、你是否有多次下決心做一件事，但最後都因為種種原因沒有做成的情形嗎？

【計分與評價】

答「是」得1分，答「否」得0分。

總分在15～20分的，說明你是一個自律能力很強的人。

總分在10～14分的，說明你的自律能力一般，要努力。

總分在5～9分的，說明你的自律能力較差，要加倍努力。

總分在5分以下，說明你的自律能力太差了，不改變自己，沒有就職成功的希望了。

創新思維能力測試題

在企業招募中，人才的創新能力越來越受重視，是測試的重點。

根據題目，符合的請回答「是」，不符合的回答「否」，模稜兩可的回答「不確定」。

1、有些作家使用一些古怪和生僻詞語，你認為他們純粹是為了炫耀嗎？

2、同樣的一件事情，讓你產生興趣比讓別人產生興趣難度大很多。

3、你一貫不看好那些經常做沒有把握事情的人。
4、你會經常憑直覺判斷事情的正確與否嗎？
5、你遇到問題善於分析，但是對最後分析的結果不擅於總結、提煉。
6、你的審美能力很強嗎？
7、你有興趣不斷地提出建議，而沒有興趣去說服別人接受你的建議。
8、你喜歡那些整天一門心思埋頭苦幹的人嗎？
9、你從來不喜歡提一些淺顯、無知的問題。
10、你做事情總是很有分寸，從不盲目。

【計分與評價】

1、是（-1分）	不確定（0分）	否（2分）
2、是（0分）	不確定（1分）	否（4分）
3、是（0分）	不確定（1分）	否（2分）
4、是（4分）	不確定（0分）	否（-2分）
5、是（-1分）	不確定（0分）	否（2分）
6、是（3分）	不確定（0分）	否（-1分）
7、是（2分）	不確定（1分）	否（0分）

8、是（0分）　不確定（1分）　否（2分）

9、是（0分）　不確定（1分）　否（3分）

10、是（0分）　不確定（1分）　否（2分）

總分在22分以上的，說明你的創造思維能力較強，適合從事創新要求較高的職位。比如：美編、裝潢設計、工程設計等等。

總分在21～11分的，說明你具有一定的創新意識，適合管理工作或者和人打交道多的工作。比如：銷售人員。

總分在10分以下的，說明你缺乏創新能力，循規蹈矩，做事一絲不苟，適合做公務員、會計等紀律要求很高的職務。

處理問題能力測試題

處理問題的能力關係到一個人的工作品質的好壞和工作能力的高低，下面的測試題提供了這方面的依據。

在下面的題目中選擇一個適合你的答案。

1、由於水管漏水，把你心愛的書籍全泡壞了。

（1）你非常不高興，不停地埋怨。
（2）你想到以此為藉口，不繳管理費。
（3）你自己動手修好了水管，並擦洗、清理、烤曬圖書。

2、你和太太經常為假期去看誰的父母發生爭吵。

（1）你認為最好雙方的父母都不看望，就沒有那麼多的麻煩了。
（2）兩個人商量著訂個計畫，輪流去看望兩邊的老人。
（3）有選擇的去看望，比如重要的節日看望你的老人，其他節假日看望太太的家人。

3、朋友結婚，如果你去參加婚禮，就要送紅包，這時：

（1）事先找理由告訴對方說你有事不能參加，其實你什麼事情也沒有，就是為了省錢。
（2）那些對你業務有幫助的朋友結婚，你才會去參加並送紅包。
（3）你不送紅包，但你會送一些小的或奇特的禮物。

4、當你身體有什麼小毛病時：

（1）不會太在意，認為慢慢就會好了。
（2）去藥房買點藥吃就算了。
（3）把病情告訴家人，立即到醫院去看病。

5、由於生活中的各種壓力你和家人容易發怒時：

（1）找朋友傾訴。

（2）盡量避免和家人吵架。

（3）開家庭會議，尋找解決的辦法。

6、得知你的親友在一次事故中受了重傷，你會：

（1）不知該怎麼辦，立刻失聲痛哭。

（2）用鎮靜劑麻醉自己來度過以後的幾小時。

（3）控制住自己的感情，因為你還有許多重要的事情要做。

7、你的工作能力得到主管承認，並獲得一次擔當重要工作的機會。

（1）你會因為工作難度大，放棄這次機會。

（2）你對自己的工作能力表示懷疑，害怕不能勝任。

（3）充分做好迎接新工作的準備。

8、你的一位好朋友即將結婚了，你認為他們的結合不會幸福：

（1）你會勸你的朋友，慎重考慮結婚的事情。

（2）認為朋友自己有時間認識到問題，會改變計畫。

（3）相信時間會改變一切，朋友的婚姻會好起來。

9、和別人發生糾紛，要去法庭訴訟時：

（1）你會因為此事失眠。

（2）不太在意，出庭時想辦法應付就是了。

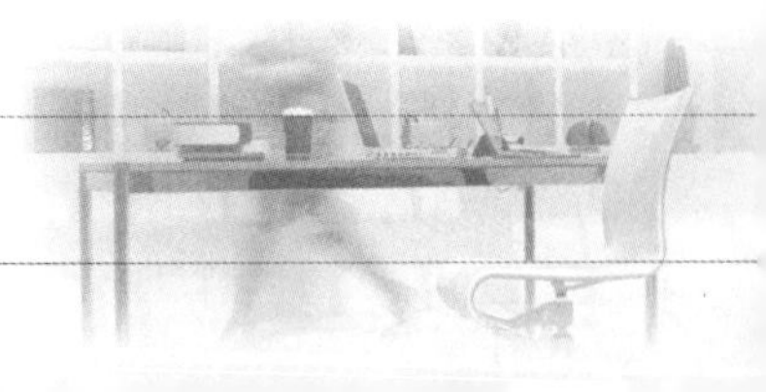

（3）這樣的事情在你看來很平常。

10、和別人發生爭執，最終卻沒有爭出結果。

（1）找地方喝酒，想忘掉不愉快。

（2）諮詢律師打算和他打官司。

（3）外出散心，平息心中的怒火。

【計分與評價】

選擇（1）計1分，（2）計2分，（3）計3分。

總得分在15分以下的，說明你處理問題的能力很差。

總得分在15～25分的，說明你處理問題的能力一般，有時還會猶豫不決。

總得分在25分以上的，說明你處理問題的能力較強。

意志力測試題

任何工作職位都有遇到困難的時候，意志力的強弱決定工作成績的好壞，所以很多企業招募都很重視意志力的測試。

在下面的題目中選擇一個適合你的答案。

1、你到一位朋友家中做客，桌上放著一盒你最愛吃的糕點，你的朋友沒有給你品嚐的意思。朋友離開房間了，你會：

（1）立刻偷吃一塊，然後裝口袋裡一些。

（2）接連吃了好幾塊。

（3）經得起誘惑，坐著沒有動。

（4）自言自語：有什麼好吃的，一會兒就有豐盛的飯菜了。

2、你很想知道朋友對你的評價，一天，你的朋友把日記忘記在桌上了，你會：

（1）急急忙忙的看，然後去責問好友為什麼說自己壞話。

（2）偷偷翻看，感到有些內疚才停下來。

（3）看完知道朋友對自己的評價，改正自己的缺點。

（4）告訴朋友收起日記，不給自己偷看的機會。

3、你偷看別人的日記，發現很多祕密，急於要找人分享，你會：

（1）告訴另外一個朋友，說你這個朋友迷戀她男朋友。

（2）會以此威脅你朋友，以後做事不能太過分。

（3）什麼都不會做，因為你們是互相信任的好朋友。

（4）想辦法忘記這一切。

4、你正需要錢去旅行，這時你看到一條很適合你和男朋友約會穿的裙子，你會：

（1）繞過那個服裝店。

（2）自己手工做一條同樣的，價格要便宜很多。

（3）不顧一切的去買，寧願借錢去旅遊。

（4）放棄這條裙子，什麼都不能影響去旅遊的計畫。

5、你確信自己深愛男友，可是他是在無聊時才會想到自己，如果在一個風雨交加的夜晚，他打電話要和你見面，你會：

（1）不顧一切的去見他，就是被雨淋得感冒了也值得。

（2）猶豫不決，不知道該怎麼辦。

（3）要他答應以後好好待你，你才會去。

（4）掛斷電話，一口拒絕。

6、你對新年許下的諾言抱有什麼樣態度？

（1）早就拋到腦後去了。

（2）能維持幾天。

（3）可以維持到很久。

（4）有時候明知道困難，也不會違背諾言。

7、假如你早晨六點起複習功課，晚上就有時間做其他的事情，這樣你的學習效率會更高，你會：

（1）算了吧，太睏了，還是睡覺吧！

（2）雖然早晨鬧鐘一大早就把你叫醒了，可是你總是賴著很久不起床。
（3）大約六點半左右就起來了，洗洗臉使自己頭腦更清醒，然後複習功課。
（4）把鬧鐘調到比計畫起床的時間早半小時，以防起晚。

8、老闆給你一項重要工作，要你五週內完成，你會：

（1）在臨近期限了才開始工作。
（2）每次想開始工作都有其他的事情耽誤，你不斷提醒自己還有五週時間。
（3）接受工作後就開始做，這樣會有充足的時間去完成。
（4）立即採取行動，並計畫提前兩天完成。

9、你生病以後，醫生建議你要多做運動，你會：

（1）開始一、二天做，以後就不做了。
（2）開始聽醫生的去做，等身體一好，就放棄不做了。
（3）每天都很輕鬆地去散散步。
（4）每天都拼命運動，直到身體堅持不住為止。

10、朋友邀你去玩通宵，你明早還有一份兼職的工作要做，你會：

（1）去玩通宵，兼職可以不做。
（2）看第二天的精神狀態如何，真不行就請假不上班了。
（3）玩到晚上十點就回家睡覺。

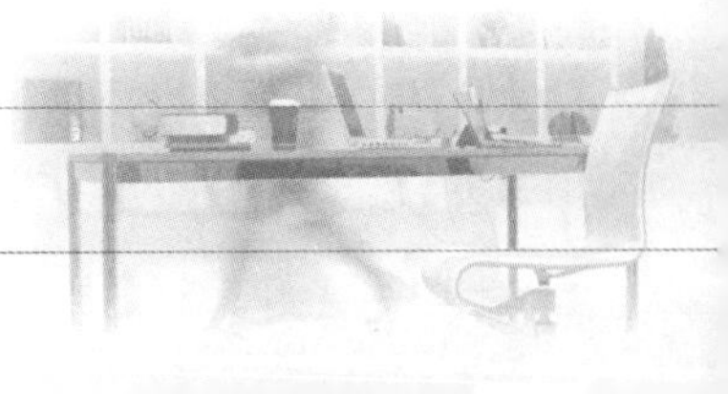

（4）拒絕朋友的邀請，早早就睡覺，明天一早去工作。

【計分與評價】

選（1）得1分，選（2）得2分，選（3）得3分，選（4）得4分。

總分在18分以下的，說明你的意志力薄弱，只喜歡做自己喜歡的事情。對於很多事情都計畫的很好，但是卻堅持不下來。

總分在18～30分的，說明你很懂得支配自己的生活，知道什麼時候要堅持，什麼時候可以放鬆一下。你很守本分，但有時也經不起誘惑，遇到自己特別喜歡的，也會玩心不改。

總分在31～40分的，說明你的意志力驚人，無論什麼都不能讓你改變原有的主意，做事非常執著，不過這樣也不是太好，要偶爾去改變一下，生活才會多采多姿。

責任感測試題

有責任感的人才能對工作負責任，所以這也是企業招募必考的題目。

根據題目，符合你的請回答「是」，不符合的回答「否」。

1、每次赴約會你都能準時到嗎？

2、你自己感覺你可靠嗎？

3、你會為自己的將來而儲蓄嗎？

4、你發現朋友犯法會去阻止他嗎？

5、外出遊玩，如果找不到垃圾桶，你會把垃圾直接帶回家嗎？

6、你會為了身體健康而保持運動嗎？

7、你能不去吃一些對身體有害而你又很喜歡吃的食品嗎？

8、你能根據事情的輕重緩急進行合理安排嗎？

9、你從來不放棄自己的選舉權利嗎？

10、收到朋友或其他信件，你能立即回信嗎？

11、你相信「既然決定做一件事就做好它」這句話嗎？

12、只要事先訂好的約會你都會按時參加，即使你身體不舒服的時候。

13、你從來沒有做過犯法的事情。

14、在學生時代，你從沒有拖延或不交作業的習慣嗎？

15、小時候，你經常幫父母做家務嗎？

【計分與評價】

「是」得1分，「否」得0分。

總分在10～15分的，說明你是一個責任心很強的人，做事謹慎，為人可靠，誠實，是企業喜歡的

人才，特別是外商更強調人品正直、誠實的品質。

總分在3～9分的，說明你多數時候有責任感，但有時候做事欠考慮，會偶爾率性而為。

總分在2分以下的，說明你做事完全不負責任，因為總是逃避責任，所以什麼工作也做不好，找到什麼好工作也做不長，你要努力改正自己，否則終生一事無成。

溝通能力測試題

現代企業需要合作性人才，大家在一起合作，就要具備溝通能力，所以溝通能力決定著你就業的成敗。下面的情境性問題，看了立刻回答，不需要思考，可以測出你的溝通能力如何。

1、公司高層主管請你共進晚餐，被你的上級主管看到，你回到辦公室以後，主管表現出很好奇，你會：

（1）告訴他晚餐的情況。

（2）什麼也不說。

（3）大體說了一些東西，故意淡化重要內容。

2、你在主持工作會議時，一位下屬故意提一些無關緊要的問題打擾會場，你會：

（1）要求大家等你把主要的問題講完，然後發表意見。

（2）不去管，縱容他發展下去。

（3）單獨叫出那位下屬，阻止他的行為。

3、你正在向上級報告工作，這時有人打電話找你，你會：

（1）讓別人接電話說你不在。

（2）接過電話，而且接了很長時間。

（3）接過電話，告訴對方你正在工作，一會兒你再回他電話。

4、有一位下屬總是連續在週末要求提前下班，你怎麼去處理：

（1）告訴他不能這樣做了，影響其他人。

（2）告訴他不行，你沒有時間處理他的事情。

（3）告訴他，他很重要，特別是在週末，大家需要他的幫助。

5、有很多人關注的部門經理的位置而你得到了，在上班的第一天，你會：

（1）找個別人談話，確定都是有誰在競爭這個職位。

（2）不太在意，認為大家的情緒波動很快就會過去。

（3）把這些事埋在心底，立即投入工作，拿出成績給大家看，證明自己有能力勝任。

6、你的一位下屬對你說：「大家都在議論一件事，本來不應該告訴你，你聽說了嗎？」你會：

（1）要求他告訴你是什麼事情。

（2）告訴他你不想聽辦公室的流言。

（3）告訴他和工作有關的事情你才有興趣聽。

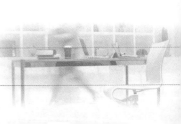

【計分與評價】

選（1）是0分，選（2）是1分，選（3）是2分

總分在0～4分的，說明你的人際關係不好，溝通能力太差，給別人留下不好的印象，很容易傷害到別人。在這方面還要做出很大努力，要改變你處理問題的方式方法。

總分在5～8分的，說明你的人際關係一般，溝通能力也是一般，還沒有真正掌握溝通的知識、技巧和能力。

總分在10～12分的，說明你能很好的處理人際關係，溝通能力也很強，能得到主管、同事的認可、理解和支持。和大家都能保持良好的關係，對你的工作幫助很大，適合做主管工作。

成功的心理傾向測試題

回答下面的問題能夠幫助你瞭解對成功的心理傾向。

下面的題目每題選一個答案，不要考慮，看後直接給出答案。

A、非常同意；B、有些同意；C、有些不同意；D、不同意。

1、對你來說，快樂比金錢更重要。

2、如果一項工作要求你必須完成，那麼任何壓力和困難都擋不住你。

3、你是否認為有時候確實是以成敗論英雄。

4、你對犯錯誤的態度非常嚴厲。

5、你對名譽看得非常重要。

6、你的適應能力特別強，你會為隨時的改變做好準備。

7、你對下決心要做好的事情，就一定會堅持到底。

8、你喜歡被人看成是能身負重任的人。

9、你有一些奢侈的嗜好，而且你有能力去享受。

10、你要知道一個計畫對你會有積極和正面的成果，就會花費時間和精力在上面。

11、你把自己團隊的成功看的比個人成功更重要。

12、你寧願推遲一項工作的完成時間，也不願意無組織、無計畫的去完成。

13、你一向以能夠正確表達出自己的意思為榮，但是還要確保別人會正確看待你。

14、你對待工作總是精力充沛，情緒高亢。

15、在你看來，對事情的常識和良好的判斷比了不起的點子更重要。

【計分與評價】

1、A：0　B：1　C：2　D：3

2、A：3　B：2　C：1　D：0

3、A：2　B：3　C：1　D：0

4、A：1　B：3　C：2　D：0

5～15題均為A：3　B：2　C：1　D：0

總分在0～15分的，說明你比較看重將來圓滿的家庭生活和精神生活，不太在意權力和金錢，你適合比較穩定的工作，可能不適合主管職務。

總分在16～30分的，說明你到目前為止，根本就沒有想過要爭取高職位，你有這方面的能力，但是這個成功的傾向會使你去尋找途徑實現自己理想的事業。

總分在31～45分的，說明你有獲得權力和金錢的傾向，要攀上任何一個組織的高峰對你來說是比較容易的事情，而且你通常能辦得到。

職業定位測試題

只有志向遠大的人，才能成就一番事業，為社會創造財富。

下面的題目任選一個答案：A.完全不同意；B.非常不同意；C.稍有不同意；D.無所謂；E.稍有同意；F.非常同意；G.完全同意。

1、你總是不斷的提高自己的奮鬥目標。

2、你從來不苛求自己。

3、在選擇職業時，你看重的是這份工作能否不斷提高你的能力。

4、你喜歡高收入而且又很清閒的工作。

5、你經常去嘗試你沒有做過的事情。

6、你某方面的天賦很好，但是如果沒有人看重，你寧願選擇放棄。

【計分與評價】

A. 1分　B. 2分　C. 3分　D. 4分　E. 5分　F. 6分　G. 7分

總分在6～22分的，說明你的志向較低，很容易滿足。

總分在23～26分的，說明你的志向一般，你還在為基本的生活而奔波。

總分在27～35分的，說明你是一個志向遠大的人，你把生活的重心全放在發展和完善自己的事業上了，對職業的期望值很高。建議你選擇職業時，眼光要放長遠，選擇一些最大限度發揮自己潛能的工作。

工作創意測試題

現代很多職業需要具備創意能力，比如：廣告策劃師、設計師等等，企業在招募時會進行這方面考查。

1、如果公司交給你一個新任務，你會諮詢一大堆有關於怎樣完成工作方面的問題嗎？（肯定0分，否定1分）

2、你在工作中，接到新的任務，是不是習慣找人幫忙，或者詢問別人關於完成工作的方法，不去獨立完成？（肯定0分，否定1分）

3、當你的工作完成的不好時，會不會找種種理由為自己開脫？（肯定0分，否定1分）

4、對於很多人來說都是很艱難的一項任務，你會信心百倍地主動要求承擔嗎？（肯定1分，否定0分）

5、當一項工作別人都說不可能完成時，你就會主動放棄？（肯定0分，否定1分）

6、你平常完成工作的方法是否會和別人不一樣，你是不是經常創新？（肯定1分，否定0分）

7、你的任務完成以後，如果主管問你一些有關任務的情況，你是否都能很順利的回答出來？（肯定1分，否定0分）

8、你是否在接到工作任務後，立即開始工作，並且工作質量總能達到主管的要求？（肯定1分，否定0分）

9、你是否很在意工作的最終結果？（肯定1分，否定0分）

10、對於已經取得的工作成績，你是否會分析其中成功的原因和存在的不足？（肯定1分，否定0分）

【計分與評價】

總分低於5分的，說明你沒有什麼創意，幾乎就是個木頭人。

總分在5～7分的，說明你的創意也不理想，不適合做創意性的工作。

總分在7～9分的，說明你的工作創意還可以，但是還要努力開發自己的創新精神，培養你的創新能力。

總分能達到10分的，說明你太棒了，有創新的頭腦，喜歡有創造性的工作，適合很多需要創意的工作。

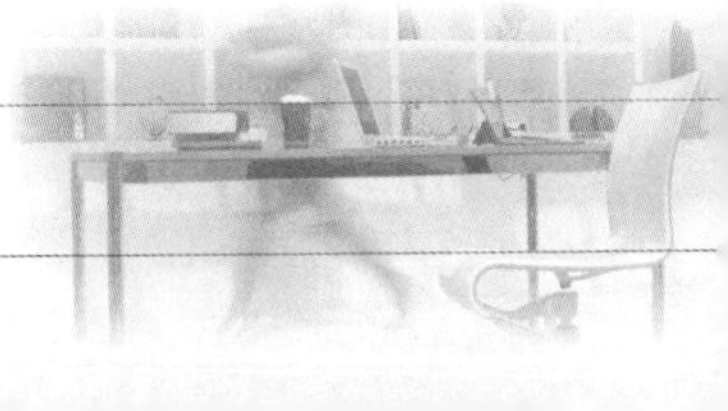

Chapter6

這些考題乃獨門絕技

1 微軟的刁鑽題目

微軟從一家小旅館裡創建，發展成現今全球最大的軟體公司，它是新技術變革的宣導者和領導者，是家用和商用電腦軟體行業的領袖。目前微軟公司在全球六十多個國家有它的分支機構，共有員工四萬四千多人。創新精神是微軟企業文化的精髓，公司不斷從應徵者中挖掘富有創新精神和團隊合作精神的人才，委以重任。微軟沒有朝九晚五的上班時間限制，這種新的員工工作時間管理制度，取決於員工和公司之間的相互信任，還有每個員工對成功的渴望。在微軟每人都有自己的辦公室，而且面積都差不多，並且員工享有絕對的自主權，公司尊重員工的隱私權。員工在心情舒暢的情況下工作，工作效率達到了最大化。微軟就是靠這些別出心裁的人性化管理，吸引了很多有創造力的人才加入公司。微軟為員工提供了舒適的工作環境、豐厚的薪資待遇，成為求職者夢寐以求的工作職位。但較高的面試門檻卻把很多應徵者拒之門外，微軟的面試題歷來以刁鑽著稱，主要考察應徵者的發散思維和聰明才智。

刁鑽的發散思維題

【問題】

如果燒一根不均勻的繩子，從頭燒到尾一共要一個小時。那麼現在給你若干根材質相同的繩子，你怎麼用燒繩子來計時一個小時十五分鐘呢？

【分析與解答】

這樣的題目答案一般不只一個，主要是考察應徵者的發散思維和創意。

答案一：可以用三根，先同時點燃第一根繩子的兩端和第二根繩子的一端，當第一根燒完時，點燃第二根的另外一端，並開始計時。當第二根繩子燒完時可以確定是十五分鐘，這時點燃第三根繩子的一端，第三根繩子燒完要一個小時，加前面的十五分鐘，就是一小時十五分鐘。

答案二：同樣是三根繩子，前面兩根繩子同時點燃，一根點兩端，一根點燃一端，計時開始。當第一根燒完用了三十分鐘，這時點燃第二根的另外一端，第二根燒完又用了十五分鐘，這樣已經是四十五分鐘。這時點燃第三根的兩端，第三根燒完要三十分鐘，所以一共是七十五分鐘，即一個小時十五分鐘。

升級版

你能告訴我為什麼下水道的蓋子是圓的嗎？

【參考答案】

這類題沒有固定答案，主要為了考察應徵者的創造性思維能力，面試官的目的不單是讓應徵者弄明白這個問題並給出答案，他們更想讓應徵者去思考並希望聽到應徵者全新的答案。不妨這樣回答：圓的井口所以用圓的井蓋；圓的井蓋更美觀實用；圓的井蓋受力均勻比較實用；圓的井蓋不必為了架在井口上而旋轉它的位置；圓的井蓋製造成本比較低等等。

複雜的邏輯推理題

【問題】

有五個海盜搶劫了一百顆鑽石，他們決定這樣分：先抽籤決定自己的號碼（1、2、3、4、5），由抽到1號的人先提出分配方案，然後大家表決，當超過半數的人同意時，將按照他的分配方案進行分配，否則他將被扔進大海淹死。如果1號死後，再由2號提出分配方案，然後剩下的四個人進行表決，同樣要超過半數的人同意時，才能按照他的分配方案進行分配，否則也將被扔入大海淹死，依此類推。每個海盜都很聰明，都會很理智地做出判斷，最後做出選擇。問題：第一個海

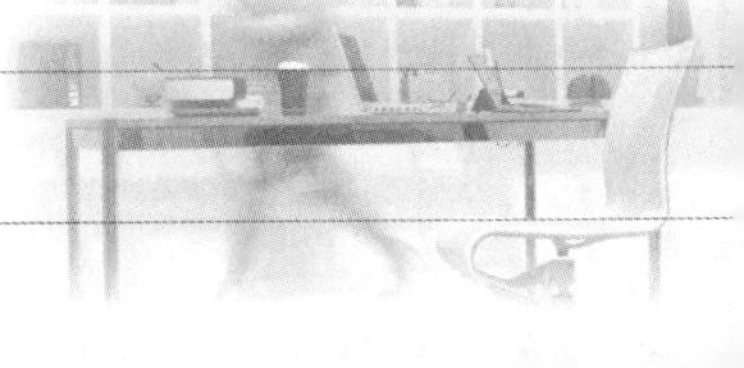

盜提出怎樣的分配方案才能使自己保住性命而且收益最大化？

【分析與解答】

本題主要考察應徵者的逆向思維和邏輯推理能力。推理過程如下：因為每個海盜都很聰明理智，他們都知道生命比財富更重要，所以他們都會在保住命的前提下做出選擇。首先這五個人中抽到5號的人最安全，他沒有被扔到海裡淹死的可能，如果前面的人都淹死了，他就可以獨吞一百顆寶石了。所以先看4號，如果前面的1、2、3號都被扔到了海裡，那麼4號無論提出什麼樣的分配方案，5號肯定都會反對，即使為了活命把一百顆寶石都給5號，他也會面臨被扔到海裡的危險，所以4號只有在前面有人生存的情況下他才能生存。他只有支持3號才能絕對保證自身的性命。這樣再來看3號，這時3號意識到即使不給4號一個鑽石，4號也會支持他，這樣算上他自己的一票就半數以上通過了，所以他的分配方案是（100、0、0）自己100，別人不給。接著看2號，2號透過自己的推理知道3號的分配方案，所以他提出（98、0、1、1），自己98顆，不給3號，給4號、5號各一顆，因為相對3號的分配方案，4、5號都能得到一顆，總比一顆沒有好，所以他們都支持2號，這樣2號得到兩票加自己的一票也超過半數以上。那麼看1號，1號也看出了2號的分配方案，那麼1號提出（97、0、1、2、0或97、0、1、0、2），自己97顆，不給2號，3號一顆，4號或5號2顆。因為1號的分配方案對於3、4、5號來說比2號的分配方案讓他們得到更多的利益，所以他們會支持1號，這樣1號就可以得到3號一票，4號或5號中的一票，加他自己的1票，正好可以超過半數，他的分配方案通過。這樣1號既保住了命又使利益最大化了。

升級版

在一所監獄裡有一百間牢房，每間牢房內關有一名囚犯。一天，監獄長對犯人們說，你們牢房外有一盞電燈，在外出放風時，你們可以自己控制這個電燈（熄或亮）。每天只能有一個人出來放風，並且放風的時間和人員都是不固定的。如果在有限時間內，你們中的某人能對我說：「我敢保證，現在每個人都至少放風一次了，我就放了你們！」請問囚犯們要採取什麼策略，才能被監獄長放掉？如果採用了這種策略，要多久他們才可以被釋放？

【參考答案】

可以先推出一個人負責向監獄長報告，這個人可以是第一個出來放風的犯人。這個人出來放風時打開燈，並記住開燈的次數，後面出來放風的犯人把燈關上。當第一個出來放風的人開了一百次燈的時候，就可以向監獄長報告，要求放人。這樣需要一萬天。

經典的腦筋急轉彎

【問題】

當你站在鏡子前，你鏡子中的影像可以左右顛倒，卻不能上下顛倒，你知道為什麼嗎？

【分析與解答】

因為人的眼睛是左右長的，而不是上下長的。

升級版

你到任何一家旅館都會發現，當你打開熱水龍頭時，熱水都會瞬間傾瀉而出，為什麼？

【參考答案】

如果你打開熱水龍頭時流出來的是冷水，那你就該換一家旅館了。

2 Google的整蠱題

對於那些處在金融危機中的初級經理們和軟體發展者來說，Google從各方面都稱得上是很好的避風港。Google有一個很特殊的運行模式，只要你有好的點子被公司通過，你就可以找志同道合的人運作這個項目。只要是為用戶服務，不用考慮利潤問題，賺不賺錢無所謂。這種模式充分的激發出員工的積極性和創造力，同時也吸引了很多求職者。但是Google招募員工青睞的是名牌大學的學生，需要的是想改變這個世界具有遠大抱負的人。即使你的很多方面滿足了它的要求，但是你也可能被它五花八門、摸不著頭腦的面試題所打倒。Google測試考的就是腦筋，很多問題沒有確定的答案，雖然有些問題也有答案，但是Google要的不是最終答案，而是解題的過程。

蠱惑人的面試題

【問題】

三年前，Google在美國矽谷的各大捷運站樹立起醒目的看板，米色的看板刷著「（在『e』的數列中所能找到的第一個十位數質數）.com」。

【分析與解答】

這是個謎語題，也是道數學題。看板上沒有公司名字，也沒有任何一句有關的廣告詞。這就是Google的超強考題，有些人看出自然常數e（2.718281828……）的第一個十位數質數，是目標網站的名字。然後在規定的時間內登錄www.7427466391.com。但那不是夢寐以求的終點站，Google神出鬼沒的在那裡貼出一條更令人費解的數學難題，解出問題答案，你才能得到進入下一個網頁的金鑰匙。跑完這場艱難的數學「馬拉松」，「倖存者」才有資格成功投入履歷，到Google總部參加面試。

升級版

1、一輛小型校車最多能裝下多少個高爾夫球？

【參考答案】

考察應徵者的思維能力和解決問題的能力，沒有確定答案，主要是看應徵者的解題思路。假設巴士有五十個高爾夫球高，五十個高爾夫球寬，四百個高爾夫球長，大約一百萬。

2、如果讓你擦遍紐約市所有的窗戶和門，你會收取多少費用？

【參考答案】

假如紐約市有一萬棟建築物，每棟建築物有六百個窗戶和門，擦一個窗戶或閘需要的時間是五分鐘，每小時按十美元收費，那麼一共可以賺五百萬美元。

快速反應的面試題

【問題】

把你縮小到只有一枚硬幣那麼高，你的質量也跟著成比例縮小，但是你原有的密度不改變。然後把你扔到一個玻璃攪拌器中，攪拌器刀片將在一分鐘後開始旋轉，你該如何從攪拌器中逃生？

【分析與解答】

這個題目主要考察應徵者的反應能力和適應生存環境的能力。不妨這樣做：你緊緊抓住攪拌機旋轉的機會，隨著它的旋轉氣流不斷上升，然後擺脫現有的困境而獲得新生。

升級版

如果讓你為一座突然面臨危險的城市設計一個緊急疏散方案，你會怎樣設計？

【參考答案】

主要考察應徵者的應對突發事件的反應能力。可以根據自己的職位和這個城市的一些基本情況作答。

經典的邏輯推理題

【問題】

有八塊大小一樣的鐵塊，其中七塊重量是一樣的，只有一塊稍微輕一些。給你一個天平，你只可以秤兩次，怎樣找出輕一些的那個鐵塊？

【分析與解答】

本題主要考察應徵者的逆向思維能力。因為一般人的思維都是只會用分兩堆來秤，真正有逆向思維的人才會用不同的思考方式來巧妙解決問題。第一次將八個鐵塊分成三塊、三塊、二塊，只秤前面的兩個三塊的，留一個二塊在旁邊不用秤。這時會出現二種情況：一是秤的前面的六個相等，可以立即排除掉這六個，判定輕的後面的二個裡，這時候，只要再秤那兩個就可以了。前面的六塊不相等，判定輕的在天平輕的那一邊，這時候，把輕的那邊拿出來先秤兩個，看天平的情況立刻可以判斷出輕的在哪裡。

升級版

兔子王國裡有一百對兔子夫妻，其中每隻公兔都對他的兔老婆不忠。每隻母兔都知道別的兔丈夫偷情，唯獨不知道她的老公到底有沒有偷情。兔子王國的法令是一夫一妻制，不允許兔子私通。任何一隻母兔只要能證明自己的老公偷情，當天就必須把他殺了。這個王國的所有母兔都嚴格的遵紀守法。一天，兔子女王宣布，在這個王國裡至少有一隻公兔偷情。你知道接下來會發生什麼嗎？

【參考答案】

當所有的母兔都知道至少有一隻公兔出軌時，那就可以推斷出最後的結果。假設只有一隻公兔出軌，如果他的老婆沒有看到別的公兔被殺，她就可以斷定是她的老公出軌了，當天她就殺了這隻公兔。假如有兩隻公兔偷情，則他倆的老婆只發現別的公兔偷情。因此她會等上一天看那個兔子有沒有被殺死。假如第一天沒有公兔被殺，她就能確定她自己的老公也偷了情。依此類推，假如有一百個公兔偷情，則他們能安全活上九十九天，直到一百天時，所有妻子就會把他們全都殺掉。

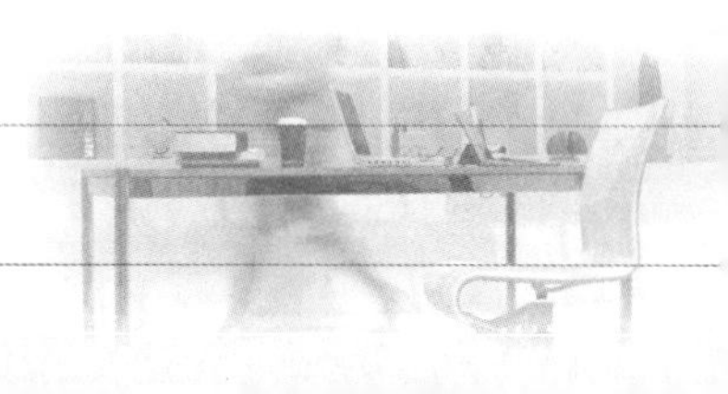

3 迷惑人的請君入甕

「請君入甕」是用人單位招募中常用的計策，面試官往往為了選出優秀人才，設置各式各樣的語言陷阱，來考察應徵者的聰明才智、性格、應變能力以及心理承受能力。如果應徵者沒有識破面試官的陷阱，就題答題，往往就中了圈套，跳到了面試官精心準備的甕裡，成了甕中之鱉，最終被拒於門外。所以求職者在面試時要千萬小心，注意面試官提出的各種問題，保持清醒的頭腦，識破問題裡存在的陷阱，小心巧妙的避開，這樣才不會被淘汰出局。

激將法引你進入甕中

【問題】

你知道嗎？我們需要的是名校的學生，你一個普通中學畢業的學生為什麼也來應徵？

【分析與解答】

激將法在面試中也很常見，這樣的考題主要考察應徵者的反應能力和心理承受能力。應徵者首先要做的是千萬不能被「激怒」，不要去和面試官據理力爭，要保持頭腦的冷靜，明白對方是故意的，不要上圈套。你可以很幽默地回答面試官很多偉大的人物都不是畢業於名校的。

升級版

你的專業和我們招募的職位不一樣，你怎麼能勝任呢？

【參考答案】

這類考題往往是從應徵者的薄弱環節入手。面對考官咄咄逼人的問題，應徵者一定要沉著冷靜，不要簡單生硬地去反擊，一定要揚長避短，結合應徵職位突出自己的其他優點，強調自己的綜合素質。

誘導你進入甕中

【問題】

你最喜歡《三國演義》裡的哪個人物，為什麼？

【分析與解答】

出這類面試題前，面試官往往設置一個特定的背景條件，誘導對方按照他的思路去回答，如果應徵者真的那樣做了，就徹底中了面試官的圈套，因為任何一種回答面試官都不會滿意。這時最明智的是用模稜兩可的語言來回答。有很多應徵者會選擇三國裡一些著名的人物，但由於歷史的侷限性，這些著名的人物都有缺點，面試官一下就能找到漏洞，還是要從其他方面去考慮。

升級版

在誠信和敬業二者中，你會選擇哪一個

【參考答案】

這類考題好像是單項選擇題，其實不是，如果你順著面試官的思路選擇了其一，那麼你就掉到面試官精心設計的甕裡了。對方故意誤導你，讓你以為二者是相互矛盾的，不可兼得。這時應徵者一定要冷靜，做出正確的判斷，要明確告訴面試官二者都很重要，是一個優秀員工必須具備的。

挑戰你的自信，看你入不入甕

【問題】

據我們瞭解，你的學習成績並不很優秀，能告訴我是什麼原因嗎？

【分析與解答】

這是比較尷尬的問題，碰到這樣的問題很多應徵者會身不由主的去反擊對方，這樣就中了對方圈套，誤入了過分自信的甕中，被面試官認為太狂妄自大。回答這類考題不要企圖去掩蓋或者迴避，這都不是明智之舉。而是要直截了當承認缺點，但要強調造成這些缺點的原因是優點，這樣就巧妙避開了陷阱。

升級版

1、今天來參加面試的人很多，你怎麼能證明你是最優秀的？

【參考答案】

這類問題往往要虛構一定的場景，然後讓應徵者給出答案。為的是考察應徵者的反應能力，也是對應徵者自信心的挑戰。如果正面回答這樣的問題是毫無意義的，因為人無完人，無論你說出多少優點，別人總有你沒有的優點，所以一定要繞過陷阱。

2、如果聘用你做我們的財務經理，公司要求你一年之內逃稅一百萬，你會採用什麼策略？

【參考答案】

這也是最難防範，最有殺傷力的陷阱了，面試官設置了一個大大的甕讓你往裡鑽。這類考題考察的是應徵者的商業道德和做人的原則以及工作中的判斷能力。如果應徵者絞盡腦汁想怎樣去偷稅漏稅，羅列出一大堆的偷稅漏稅方案，那麼就真中了圈套。所以一定要記住，遵紀守法是做人最基本的行為準則。

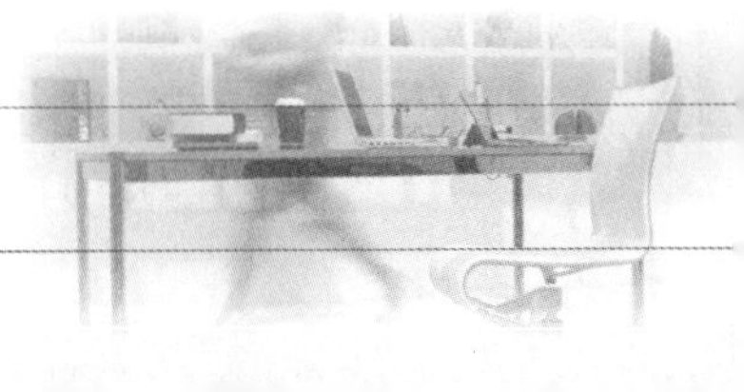

國家圖書館出版品預行編目資料

面試前必看的一本書／張岱之著.
－－第一版－－ 臺北市：知青頻道出版；
紅螞蟻圖書發行，2011.6
面　　公分－－（Perusing；6）
ISBN 978-986-6276-81-1（平裝）

1.就業 2.面談

542.77　　100009214

Perusing 06

面試前必看的一本書

作　　者／張岱之
美術構成／ Chris' office
校　　對／周英嬌、楊安妮
發 行 人／賴秀珍
榮譽總監／張錦基
總 編 輯／何南輝
出　　版／知青頻道出版有限公司
發　　行／紅螞蟻圖書有限公司
地　　址／台北市內湖區舊宗路二段121巷28號4F
網　　站／ www.e-redant.com
郵撥帳號／1604621-1　紅螞蟻圖書有限公司
電　　話／(02)2795-3656（代表號）
傳　　真／(02)2795-4100
登 記 證／局版北市業字第796號
港澳總經銷／和平圖書有限公司
地　　址／香港柴灣嘉業街12號百樂門大廈17F
電　　話／(852)2804-6687
法律顧問／許晏賓律師
印 刷 廠／鴻運彩色印刷有限公司
出版日期／2011年 6 月　第一版第一刷

定價 280 元　港幣 93 元

ISBN 978-986-6276-81-1　　Printed in Taiwan